Da dor nasce o amor

DR. FÁBIO AUGUSTO

Da dor nasce o amor

Histórias emocionantes de fé, coragem e esperança

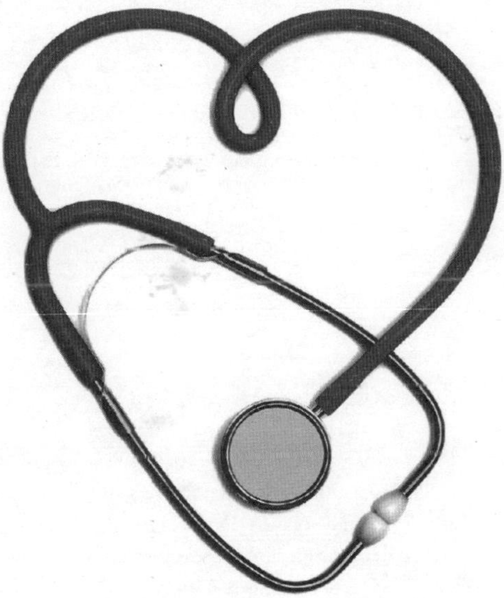

SEXTANTE

edição: Anderson Cavalcante
preparo de originais: Alice Dias
revisão: Ana Grillo e José Tedin
diagramação: Ilustrarte Design e Produção Editorial
capa: Pedro Menezes
imagem de capa: Boris Ryaposov/Shutterstock
impressão e acabamento: Bartira Gráfica e Editora S/A

CIP-BRASIL. CATALOGAÇÃO-NA-FONTE
SINDICATO NACIONAL DOS EDITORES DE LIVROS, RJ

A936d Augusto, Fábio
Da dor nasce o amor / Fábio Augusto; Rio de Janeiro: Sextante, 2013.
160 p; 14 x 21 cm

ISBN 978-85-7542-920-4

1. Confiança em Deus 2. Amor 3. Fé 4. Esperança. I. Título.

13-1794 CDD: 248.4
CDU: 27-423.79

Todos os direitos reservados, no Brasil, por
GMT Editores Ltda.
Rua Voluntários da Pátria, 45 – Gr. 1.404 – Botafogo
22270-000 – Rio de Janeiro – RJ
Tel.: (21) 2538-4100 – Fax: (21) 2286-9244
E-mail: atendimento@esextante.com.br
www.sextante.com.br

Dedico este meu primeiro livro a duas pessoas que passaram pela minha vida e marcaram profundamente minha maneira de ser e minha espiritualidade e que ainda permanecem vivas em meu coração:

Minha avó, Maria Dolores (*in memoriam*), porto seguro de toda uma família e exemplo de amor e doação absolutos. Ela me ensinou a construir com alegria, honestidade e perseverança minha própria história, apesar das dores da vida.

Juliana Ribeiro Campos (*in memoriam*), minha amiga, assessora, revisora e filha do coração. Apesar de muito jovem, ela me surpreendia com sua espiritualidade profunda, sua alegria e sua motivação contagiante. Com carinho e paciência, contribuiu decisivamente em minha caminhada como escritor cristão.

Sumário

Introdução

Ninguém vive ou aprende a viver sozinho. Aprendemos a viver nos momentos de amor e, infelizmente, nos de dor. Aprendemos com o mundo, com os pais, com a esposa ou o marido, com os filhos, com os amigos, com os vizinhos... No meu caso, como médico, tenho o privilégio de aprender também com meus pacientes, através de seus testemunhos de vida, seus ensinamentos, suas alegrias e suas tristezas.

Este livro não foi escrito somente pelos meus dedos, mas também pela emoção do meu coração aprendiz. Ele apresenta histórias que poderiam ser suas, pois são baseadas em fatos reais vivenciados por pessoas muito especiais que passaram e que ficaram em minha vida. Digo "passaram" porque são pacientes que atendi e tratei no passado; e afirmo que "ficaram" pois as lições que me ensinaram fazem parte da pessoa que sou hoje, me tornaram um médico melhor e, principalmente, me ajudaram a amadurecer como ser humano.

Esses casos reais marcaram minha vida pessoal e profissional, como o da grávida de seis meses que descobriu um câncer de mama, do cantor sertanejo em ascensão diagnosticado com uma doença incurável, do pastor evangélico deprimido após ter a perna amputada, da modelo internacional com grave doença autoimune desencadeada pela anorexia, da idosa com Alzheimer, entre outros. Alterei alguns detalhes das histórias para evitar a identificação e preservar a imagem dos pacientes mencionados.

Cada um deles viveu ao meu lado um drama pessoal muito intenso. Juntos, entendemos que o valor da vida e a vontade de viver aumentam na exata proporção em que fortalecemos nossa fé, especialmente quando transformamos a dor em gestos de amor.

Ser um bom médico é difícil. Porém, ser um bom médico cristão é um desafio. É mais do que simplesmente estar preocupado em não errar, atender aos chamados, cumprir horários e oferecer o seu melhor no aspecto técnico. É atentar para o aspecto humano, estar aberto ao diálogo, à espiritualidade e à afetividade com os pacientes. É colocar-se no lugar daqueles que o procuram buscando um alívio para seu sofrimento, mesmo quando não há muito o que fazer.

É preocupar-se com o respeito à dignidade humana e a defesa da vida, pilares que sustentam a confiança no tratamento e mantêm o vínculo médico-paciente durante todo o processo, mesmo frente ao inesperado, ao infortúnio e até à morte – que para nós cristãos não é o fim de tudo.

Este livro não tem a intenção de descrever curas milagrosas, servir de exemplo, enaltecer a profissão médica, tampouco a minha pessoa. Simplesmente registrei aqui, com muito cuidado, de forma simples e despretensiosa, histórias reais que me proporcionaram momentos de crescimento pessoal e espiritual.

Convido você a descobrir comigo o tesouro extraordinário que carregamos dentro de nós. Afinal, as sete maravilhas do mundo não são monumentos, edifícios, muralhas ou palácios. São, a meu ver, o nosso cuidado em OLHAR e enxergar as dores de quem nos pede socorro; SENTIR a aflição e o desespero daqueles que não entendem o porquê do seu sofrimento; ESCUTAR com paciência e zelo, sem pressa e sem prejulgamentos; SORRIR, mesmo nos momentos difíceis; TOCAR o outro, em um abraço ou um aperto de mão; FALAR com carinho e serenidade; e AMAR intensamente o que se faz no trabalho a cada novo dia e em cada oportunidade que se abre à sua frente.

Espero que por meio dessas histórias você possa desbravar os labirintos dos seus sentimentos e compreender como somos vulneráveis e, ao mesmo tempo, extraordinariamente fortes e especiais. Necessitamos uns dos outros para viver e aprender a ser pessoas melhores, na dor e no amor.

Fio de esperança

"Sustenta-me na solidão; resgata-me de todo mal.
Mostre-me o caminho redentor.
Abraçarei a cruz, renascerei em teu amor."
(Fábio Augusto, "Em busca da cura")

Muitos acreditam que a felicidade é determinada pela quantidade e qualidade dos desafios com os quais nos defrontamos. É um erro. Não existem pessoas sem problemas nem obstáculos que se agigantam diante dos olhos. Assim, a verdadeira essência da felicidade parte do modo como enfrentamos as adversidades.

No enredo da vida, a morte é inevitável. Por mais que os anos passem e a ciência evolua, a humanidade continua impotente diante dela. Para as pessoas que não têm fé, o fim da existência física é um ponto final. Mas, para aquelas que, como eu, acreditam em Deus e nas Suas promessas, a morte é apenas a vírgula que precede o início de um novo capítulo dessa história.

Há alguns anos fui procurado por um senhor gentil, educado e de fala mansa. Ele entrou no meu consultório acompanhado pela filha, que o cercava de cuidados. O rosto encovado, magro e envelhecido não escondia a firmeza e a determinação em resolver seu problema a qualquer custo.

Ele trazia uma carta de encaminhamento de outro médico, onde estava registrado seu diagnóstico: aneurisma de aorta abdominal, doença grave, mas comum na cirurgia vascular, uma de minhas especialidades.

Os exames a que o paciente se submetera mostravam a aorta, principal artéria do corpo humano, bastante doente e dilatada. Essa artéria, responsável por transportar sangue rico em oxigênio do coração até as outras partes do corpo, enfraquecera e aumentara de calibre. Se não fosse tratada a tempo, poderia se romper e causar a morte do homem.

No entanto, havia ali uma situação incomum: o Sr. João, apesar de ter cerca de 1,70m de altura, pesava pouco mais de 40 quilos, estava com a saúde muito debilitada e não tinha condições clínicas de se submeter a uma cirurgia de grande porte, necessária ao seu tratamento. Além do aneurisma, ele apresentava várias outras doenças, incluindo um câncer em recuperação e problemas cardíacos.

"Caso muito complicado", pensei. Olhei com atenção para aquele homem que visivelmente lutava com todas as suas forças contra três doenças graves e potencialmente fatais, tentando escapar da sombra da morte que o rondava em silêncio.

Respirei fundo e então apresentei para pai e filha os riscos da cirurgia e sua alta complexidade, enfatizando que, devido à condição física do paciente, as chances de sair vivo da mesa de cirurgia eram mínimas. Juntos, decidimos priorizar sua recuperação nutricional, já que ele se encontrava extremamente magro e frágil. Combinamos que Sr. João voltaria a me procurar depois de sessenta dias de tratamento intensivo com um nutricionista, para que ganhasse peso e assim pudéssemos agendar o procedimento cirúrgico.

Quase um ano se passou sem que eu tivesse notícias do Sr. João, até que, na tarde de uma sexta-feira, elas chegaram da pior forma possível. Recebi um telefonema urgente da Santa Casa de Misericórdia. Ele tinha dado entrada no pronto-socorro com intensa dor abdominal devido à ruptura do aneurisma. Pedi à minha secretária que cancelasse todos os agendamentos daquele dia e fui correndo para o hospital.

Ao chegar, encontrei os parentes do Sr. João reunidos ao lado da sua maca, todos ansiosos e temerosos. O que mais me chamou a atenção foi uma jovem que não se afastava dele de forma alguma, segurando sua mão o tempo todo.

O Sr. João não havia melhorado nada naquele período, e sua condição física permanecia igual – talvez até pior. Olhei com piedade para aquele homem pálido e enfraquecido pelo câncer e que agora se via às voltas com outra grave doença que representava risco iminente de morte.

Caso não o operássemos imediatamente, ele com certeza morreria em poucas horas. Mas, se tentássemos a intervenção cirúrgica, apesar de sua fraqueza e dos riscos implícitos, ainda haveria esperança de sobrevivência. Era preciso agir sem demora; afinal, esta seria sua única chance.

Os familiares ouviram tudo atentamente e, após uma troca de olhares silenciosos, assinaram o documento autorizando a cirurgia, cientes de que as probabilidades de sucesso eram muito pequenas. Afastei-me a passos largos e comecei a tomar as providências pré-operatórias.

Quando me dirigia ao centro cirúrgico, fui abordado timidamente por aquela jovem que permanecera ao lado do paciente, segurando sua mão. Descobri que ela era neta do Sr. João e que estudava enfermagem. Tentando controlar o nervosismo, ela me perguntou se poderia acompanhar ao menos o início da cirurgia, pois sentia que sua presença acalmaria o avô até o momento em que ele fosse tomado pelo efeito da anestesia.

Concordei imediatamente com seu pedido e solicitei autorização à chefia do centro cirúrgico. Com a permissão obtida, a jovem permaneceu ao lado do avô enquanto a sala era preparada e higienizada, as providências para a anestesia eram tomadas e aguardávamos a chegada do banco de sangue.

Sentado em um canto, corri os olhos pela sala enquanto me concentrava no planejamento da cirurgia. Mais uma vez fiquei enternecido com o carinho e o cuidado da jovem em relação ao avô. Seus gestos eram uma silenciosa e doce declaração de amor na sua forma mais pura e singela.

Como em um ritual de despedida, a neta acariciava o rosto sulcado e os cabelos brancos do avô, ao mesmo tempo que estampava um sorriso no rosto e as lágrimas insistentes rolavam de seus olhos. Posso imaginar a luta que travava em seu íntimo, sentindo a necessidade de aparentar confiança e força enquanto seu coração estava profundamente triste e desolado.

Como uma enfermeira em formação, a jovem sabia da complexidade da cirurgia e que aquela doença muitas vezes era fatal. Ela compreendia o risco de estar prestes a perder alguém que amava e que certamente participara de muitos momentos alegres em sua vida. Alguém que a segurou no colo firmemente à noite quando ela acordou assustada, que lhe contou suas experiências de vida e a orientou para que pudesse enfrentar suas próprias dificuldades.

Eu não sabia dizer o que se passava na cabeça do Sr. João. Ele aparentava serenidade e calma e olhava diretamente para os olhos da neta. Não sei se a presença de uma pessoa tão amada naquele lugar frio e impessoal o confortava, ou se ele não tinha noção da gravidade de seu problema. "Melhor assim", pensei.

Acreditem: já vi muitas situações críticas em minha caminhada como médico. Vi algumas famílias sofrerem com a perda de um ente querido e outras se alegrarem com o renascimento das esperanças quando alguém que muito amavam se curou. Mas nada se compara àquela cena de profunda tristeza. Meus olhos arderam de vontade de chorar. Não consegui ficar indiferente, nem deixar de imaginar meu pai, meu avô ou um amigo querido deitado ali naquela maca.

Ser médico não é fácil. Além de requerer grandes conhecimentos técnicos, é indispensável saber controlar a emoção em momentos como esse, para não perder a concentração e desestabilizar a família, que muitas vezes precisa mais do médico do que o próprio paciente. Aquela confiança depositada em minhas mãos e, principalmente, nas mãos de Deus não podia ser colocada em xeque.

Perdido em meus pensamentos, ouvi uma voz fraquinha me chamar. Demorei um pouco para me dar conta de que era o Sr. João. Já com a máscara de oxigênio, ele se esforçava para me falar algo. Cheguei bem próximo de seu rosto e ouvi com atenção suas palavras.

"Doutor, eu confio em Deus e no senhor. Sei que fará tudo o que puder para que eu continue vivo. Só quero dizer que me entrego em suas mãos e que o senhor não precisa se culpar se não conseguir me salvar. Eu sempre lhe serei grato por tudo o que fez até aqui. Que Deus abençoe suas mãos e o guie", disse ele, esboçando um sorriso fraco.

Senti o nó na garganta aumentar e meu coração bater mais rápido. Com os olhos marejados, mas tentando parecer firme, segurei sua mão magra e só pude responder que Nele tudo podemos, e que Ele estaria presente olhando por nós. Ainda com suas mãos entre as minhas, rezamos juntos.

O Sr. João continuava sorrindo tranquilamente, com a anestesia já começando a fazer efeito. Senti seus dedos afrouxarem e cruzei meu olhar com o de sua neta. Pensei em dizer algo, alguma palavra de conforto, mas nada me veio à cabeça. Minha razão e minha emoção lutavam dentro de mim para ver quem venceria aquela batalha. Por fim, a jovem se retirou da sala soluçando baixinho, ainda a tempo de me ouvir pedir que se acalmasse e tivesse fé.

Antes de iniciar a cirurgia, fiz outra breve oração em silêncio, dessa vez sozinho. Não pude deixar de pedir ao Pai que olhasse pelo Sr. João e que deixasse aquele seu filho querido um pouco mais aqui conosco, para viver outros momentos felizes junto à família que tanto o amava. Pensei ainda como é difícil pedir a Deus que realize Sua vontade quando a nossa própria vontade grita tão alto dentro de nós.

Já realizei essa cirurgia centenas de vezes com sucesso, mas naquele dia eu sabia que a velocidade do procedimento seria fator decisivo. Concentrei-me, respirei fundo e começamos.

Após algumas horas, tudo acabou. A cirurgia aconteceu sem intercorrências graves e com pouco sangramento; a pressão arterial permaneceu estável mediante medicação e anestesia, sem grandes contratempos. Ainda paramentado com as roupas do centro cirúrgico, dirigi-me à porta do setor onde seus familiares me esperavam aflitos.

Com um sorriso sincero no rosto, informei que tudo correra bem. Apesar de muito enfraquecido, o paciente surpreendentemente reagira bem às medicações e aos procedimentos, mostrando-se mais forte do que imaginávamos. Fora um guerreiro ao resistir a mais essa batalha da vida, e até agora saíra vitorioso.

No entanto, as 48 horas seguintes seriam decisivas para sua recuperação, pois nesse período o organismo debilitado precisaria se adaptar e responder ao tratamento monitorado no Centro de Tratamento Intensivo. Muito dependeria da reação do Sr. João. Mas ainda havia um fio de esperança.

Ao deixá-los, apesar de cansado, permaneci no hospital, pois outros pacientes internados em estado grave necessitavam de minha atenção. Seis horas depois, já de noite, eu acompanhava a ronda dos médicos residentes quando recebi um telefonema e a notícia de que o organismo do Sr. João não estava mais respondendo aos estímulos. Apesar de todos os esforços da equipe, ele não resistiu e faleceu. Infelizmente seu estado nutricional precário e seu coração muito fraco não aguentaram a complexidade do procedimento.

Mais tarde, ao entrar no meu carro para fazer o caminho de volta para casa, um filme passou em minha cabeça. Chorei sozinho, contrariando meu lado racional. Senti-me derrotado como médico. Pensei em quanto somos pequenos e limitados frente à natureza e aos desígnios de Deus.

Mas minha consciência estava tranquila, e isso não tem preço. Eu estava em paz, consciente de não ter em minhas mãos o poder sobre a vida e a morte, e muito menos sobre o destino.

Apesar de ter trabalhado duro e feito o meu melhor, estava profundamente triste, pois a chama da esperança havia se apagado para aquele homem que tanto lutara para viver. Mesmo muitos anos depois de esse caso ter ocorrido, ainda me emociono ao lembrar do Sr. João. Detenho-me por um instante pensando no significado da palavra saudade, tão presente na vida daqueles que perderam pessoas queridas: recordação leve como o vento e ao mesmo tempo forte como a tempestade.

Lembrar com saudade e sem sofrimento de quem se foi é conquista dos que amadureceram e que entendem e aceitam que o ciclo da vida termina para todos nós um dia. Para estes, tanto da vida quanto da morte se tira uma lição.

A saudade não pode se tornar uma prisão. Ela deve ser uma recordação leve e nostálgica de um tempo que passou, foi importante e, no entanto, não retornará.

Uma lição que podemos aprender é: somos como folhas que, frágeis perante este mundo, resistem mesmo quando sujeitas às intempéries e mudanças das estações. Em nós, a vida pulsa graças aos laços que nos unem a um corpo maior chamado família, aos amigos e à seiva que circula em nosso íntimo e nos alimenta espiritualmente: o amor do Pai.

Ao nos depararmos com a realidade da morte, é impossível deixarmos de perguntar "por que" existimos. Penso que talvez melhor seria indagar "para que" estamos aqui...

Alguns podem custar a encontrar a resposta a essa interrogação, mas acabam entendendo o verdadeiro significado da existência; outros passam a vida toda tentando decifrar esse enigma, que revela um caminho de felicidade que eles desconhecem.

Na busca pela realização pessoal, é comum nos descuidarmos e tomarmos decisões erradas, deixando de lado o que de fato é importante em nossas vidas: a saúde, sacrificada inconsequentemente pelos abusos da juventude; e a família, cuja importância somente se torna clara quando o distanciamento e as perdas acontecem.

Na melodia da vida, as pausas são imprescindíveis. Os momentos de silêncio na alma são preciosos e aguçam a nossa percepção de cada um dos acordes que nossas próprias mãos tocam. Além disso, nos permitem repensar e planejar as notas que se sucederão e que ao final de nossas vidas irão compor uma bela sinfonia.

É preciso considerar, a cada instante, as rotas que elegemos em nossa trajetória, sempre prontos a redirecionar o leme da vida e corrigir o curso equivocado que escolhemos ao nos desviarmos do que realmente importa.

A tristeza pela perda, a saudade e o lugar vazio que alguém deixa para trás nos dão a impressão de que nunca mais seremos felizes ou completos. No entanto, o tempo nos ensina a viver de um jeito diferente, a enxergar o mundo com outras lentes, transformando lágrimas em sorrisos e toda dor em amor.

"E a esperança não decepciona, porque o amor de Deus foi derramado em nossos corações."

(Romanos 5:5)

A fé no sorriso

"O sorriso é oração de amor.
É nossa força e energia para superar a dor.
E o amor rompe barreiras, aproxima as distâncias
E nos faz sentir outra vez criança."
(Fábio Augusto, "Idioma universal")

Interessante perceber como surgem em nossas vidas as pessoas especiais que nos marcam com sua presença. De forma despretensiosa e sem grande alarde, vão entrando sem bater e sem pedir licença, e, quando nos damos conta, já conquistaram terreno em nosso coração.

A verdade é que, ao tocarmos a alma das pessoas, nossas digitais ficam impressas para sempre em suas histórias, como marcas do amor que deixamos.

É um erro pensar que pessoas especiais chegam até nós de maneira especial. Elas simplesmente passam por nossa vida, cruzam conosco nas ruas e no lugar onde trabalhamos. E então, de repente, o milagre acontece: olhares são trocados, sorrisos são retribuídos, palavras afloram, laços são criados e o caminho passa a ser partilhado.

Dona Ana apareceu em minha vida após uma longa peregrinação por consultórios médicos em busca de solução para seus problemas de saúde. Portadora de insuficiência renal crônica, recebeu de sua nefrologista a notícia de que precisaria procurar um angiologista e um cirurgião vascular para realizar procedimentos que possibilitassem a hemodiálise.

Quando a vi chegar pelo corredor que dava para meu consultório, andando com dificuldade apoiada em sua inseparável bengala e em sua filha, logo percebi que a doença havia consumido suas forças. Os passos lentos e hesitantes, os cabelos brancos e a face vincada indicavam que os anos lhe pesavam muito. Por outro lado, algo chamava a atenção naquela cena: apesar do semblante sofrido, via-se um sorriso largo estampado em seu rosto, sinal claro da esperança que carregava no peito.

E foi assim que nos encontramos pela primeira vez. Olhando-me nos olhos, curiosa e usando poucas palavras, ela fazia perguntas diretas com a simplicidade, a objetividade e a sabedoria que a idade lhe havia proporcionado. Parecia desconfiada e, arrisco dizer, tentava enxergar o homem por trás do título de doutor.

Vendo a ansiedade de mãe e filha, respondi a tudo com paciência e sem pressa, explicando os detalhes do procedimento cirúrgico. Ao final da consulta, a empatia e a confiança recíproca selaram nossos caminhos.

Realizei a cirurgia de dona Ana e ela se recuperou. No entanto, continuamos juntos por mais de oito anos, durante os quais outros problemas circulatórios apareceram e outras cirurgias aconteceram em consequência da sua insuficiência renal já muito grave e, portanto, sem cura definitiva. O passar do tempo e a convivência transformaram-nos de médico e paciente em bons amigos.

Com a idade avançando e a doença se agravando, algo me surpreendia: dona Ana nunca se queixava, nem uma única vez, das dores que sentia, das internações ou das cirurgias; não se queixava para mim, nem para as enfermeiras e tampouco para seus filhos. Permanecia impassível com o sorriso estampado nos lábios e a esperança gravada no coração.

Esse fato justifica o motivo pelo qual essa incrível mulher se tornou personagem deste livro. Apesar de todas as dificuldades e os sofrimentos que dona Ana enfrentou – e lhes digo que não foram poucos –, nunca vi lágrimas em seu rosto. A cada dor que a vida impunha, ela retribuía com o dobro de sorrisos. Eu via em seus olhos a singela gratidão que possuía por simplesmente estar viva mais um dia. Via seus olhos cheios de esperança no futuro e de confiança total no poder de Deus e nas mãos do homem.

Hoje, escrevendo, tenho clara a lembrança do som de suas gargalhadas ecoando nos corredores e nas salas do centro cirúrgico. A facilidade com que fazia amizade com todos à sua volta era impressionante, e sua alegria de viver era contagiante. Onde quer que ela estivesse, iluminava o ambiente e afastava qualquer sombra de tristeza.

Confesso que depois de tantos anos como seu médico, mesmo a conhecendo tão bem, eu continuava intrigado com o modo como ela enfrentava os obstáculos. Como era possível sempre sorrir se a cada dia a vida lhe dava novos motivos para chorar? "Dona Ana, qual é o seu segredo?", perguntei.

Foi com a objetividade de sempre que me respondeu que isso era uma simples questão de escolha: havia escolhido sorrir. O choro, apesar de proporcionar alívio momentâneo, não a fazia se sentir melhor. Além disso, quando chorava, ficava ainda mais apreensiva e preocupada, pois percebia naqueles que a amavam um sofrimento duplo: por presenciar sua dor e por nada poderem fazer para aliviá-la.

"No fundo, meus problemas são pequenos perto de muitos outros, assim como todo problema deste mundo é pequeno para Deus. O que importa é que hoje eu estou viva, e sorrir é meu jeito de viver. Tenho certeza de que Ele me colocou em suas mãos e que cuida de mim como uma filha querida. Sabe, doutor, acredito que, no final das contas, Deus ajeita tudo ao seu tempo da melhor forma possível. Eu e o senhor somos prova viva disso: nossos caminhos se cruzaram por um motivo maior, a vontade Dele", disse ela.

Naquele dia, saí do consultório pensativo. A responsabilidade e a culpa pesavam em meus ombros. Vivemos nos queixando por tão pouco, fazendo tempestades em copos d'água, tomando atitudes de forma impulsiva... Enxerguei quanto somos mesquinhos. Como é fácil reclamar da vida e dos pequenos transtornos diários quando não convivemos com pessoas que enfrentam problemas realmente graves com coragem e confiança, fazendo de suas vidas exemplos de superação.

Pense comigo: quantos problemas sem importância enfrentamos todos os dias? Como é possível permitirmos que coisas insignificantes tirem a nossa paz e prejudiquem não apenas nós, mas também as pessoas à nossa volta?

Os exemplos são muitos: uma conta que não chegou a tempo e você teve que pagá-la com juros; uma fechada que você leva no trânsito; um filho que sem querer deixa seu celular cair no chão e ele se quebra; a esposa que fala algo e que você, por estar nervoso, compreende como grosseria. Assim vamos formando uma imensa bola de neve. E o que antes era pequeno toma dimensões tão grandes a ponto de nos irritar e nos tirar do sério. Tudo isso a troco de quê?

Nenhum de nossos aborrecimentos do dia a dia se compara a uma doença como a insuficiência renal crônica. Essa enfermidade obriga o paciente a permanecer em repouso e a submeter-se a várias cirurgias, restringe sua alimentação e o torna dependente de diversos remédios; isso sem contar que, a partir do momento que descobre a doença, a pessoa passa a viver em estado de alerta constante. Um infindável tormento que esta senhora enfrentava com otimismo e, acima de tudo, com esperança no sorriso, nos olhos e no coração.

De repente me dei conta de que dona Ana era um anjo que Deus colocara em minha vida. Um anjo que necessitava de cuidados, mas que ainda assim era um presente. Ela me fez perceber que eu também precisava sorrir mais, ser mais paciente, mais tolerante e encarar a vida com bom humor. Eu tinha muito a agradecer àquela senhora – mais do que ela poderia imaginar.

Por meio do seu exemplo tive a oportunidade de aprender a ser uma pessoa melhor. Por isso eu só posso agradecer a imensa bondade de Deus por tê-la colocado em meu caminho.

Infelizmente, apesar de todos os esforços médicos, a doença de dona Ana evoluía, como era de se esperar. Mais uma cirurgia foi necessária e novamente os cirurgiões auxiliares e anestesistas ficaram surpresos com a força e a resistência daquela mulher. Eu pensava comigo mesmo: "Eu sei, graças a Deus!"

Apesar das dores, do mal-estar e das infecções recorrentes de dona Ana, eu podia ver nos olhos dela uma chama acesa: a da vontade de viver. Talvez para amar e sorrir um pouco mais. Para ficar mais tempo junto daqueles que tanto amava: seus filhos, seus netos, seus amigos. Mas era inegável que seu estado físico alcançava um nível crítico e que a qualquer momento nossa despedida aconteceria.

Faço aqui um parêntese. Apesar dos muitos anos de dedicação à medicina, em determinado ponto da minha vida comecei a compor canções que falavam de fé, esperança e do poder de superação que todos possuímos quando juntos ao Pai.

Uma noite, lembrei-me da sabedoria de madre Teresa de Calcutá, que dizia que o sorriso é a forma mais simples e universal de comunicação, o instrumento que abre portas e encurta distâncias, capaz de multiplicar o amor, a simpatia e a boa vontade.

Compus então uma canção pensando na minha querida amiga Ana, que, muito enfraquecida após quase uma década de tratamento, encontrava-se no CTI em estado gravíssimo.

Em uma manhã de sábado resolvi colocar meu violão embaixo do braço, pedir permissão ao hospital e fazer uma surpresa a ela. Como médico, sabia que ela já definhava e que havia pouco a fazer, a não ser esperar seu corpo reagir aos medicamentos e procedimentos.

Ao chegar, avistei-a com seu semblante magro e seu corpo franzino, parecendo menor do que eu lembrava, deitada sobre o leito grande demais para ela. Senti um aperto no peito, engoli em seco e fui logo dizendo que aquele seria um dia especial porque eu havia lhe trazido um presente.

Quando percebeu do que se tratava, dona Ana sorriu e tentou se ajeitar com dificuldade, enquanto sua cama era cercada pelas enfermeiras.

Segurei a ansiedade e as lágrimas e toquei pela primeira vez a canção "Idioma universal", que fala sobre a expressão do amor através do sorriso – lição preciosa que ela havia me ensinado.

Foi um momento único. Cantei sorrindo enquanto o meu coração chorava por vê-la tão mal. A voz parecia me faltar no início, mas, motivado pelo brilho do olhar daquela doce senhora, agigantou-se e ecoou firme até o final da canção. Qualquer coisa que eu diga não será capaz de traduzir a comoção daquele instante. Toda a equipe de enfermagem e alguns pacientes dos leitos vizinhos ficaram emocionados, alguns chorando com a cena inusitada. Para minha surpresa, quando terminei, vi dona Ana tentando aplaudir com dificuldade devido à sua fraqueza e aos tubos de soro presos às suas mãos. Ela tinha os olhos brilhantes enquanto ria baixinho.

Os dias se passaram. Sua recuperação foi impressionante e, inacreditavelmente, ela conseguiu receber alta hospitalar quatro dias depois. Voltou para sua casa... Sorrindo!

No entanto, Deus trabalha por caminhos que não compreendemos. Semanas mais tarde recebi uma ligação de sua filha dizendo que ela havia nos deixado. Dona Ana sucumbira a um problema cardíaco fulminante. Fiquei em silêncio com o telefone nas mãos, sem acreditar. Naquele dia, eu não sorri.

A única coisa que podia fazer era lhe prestar minha última homenagem. Fui ao velório e fiquei ali, sentado em um banco, lembrando-me de nossos bons momentos, que estarão sempre vivos em minha memória. Ao meu lado sentaram-se várias pessoas desconhecidas, amigos de dona Ana, que, no entanto, aproximavam-se como se me conhecessem. Ouvi de cada um deles quanto aquela senhora falava a meu respeito... e me queria bem.

No curso de medicina, desde cedo aprendemos a não levar para a vida pessoal os problemas de nossos pacientes, assim como a não nos apegar emocionalmente a eles.

Mas que professor não se importa com um aluno que parece depressivo? Que jornalista não se envolve com as notícias quando lê um jornal? Que jardineiro não se preocupa com as flores dos jardins alheios durante o período de seca?

A medicina é uma profissão cujo único intuito é melhorar a vida das pessoas, seja por meio do tratamento das doenças ou da sua prevenção. Por isso, acredito que essa ciência precisa ir além do cuidado físico, atendendo também ao aspecto emocional dos pacientes e, se possível, ao seu lado espiritual.

Sinto na pele quanto essa profissão é gratificante, apesar de nem sempre ser recheada de sucessos. Afinal, nossas mãos não podem resolver todos os males, e nossa vontade de que algo dê certo não é maior do que os planos do Pai para nós.

Hoje digo sem medo de errar que dona Ana foi mais que uma paciente. Ela foi uma amiga e uma professora. Sei que um dia nos encontraremos novamente e poderei agradecer-lhe por ter feito parte da minha vida e contribuído para que eu me tornasse uma pessoa melhor.

No fundo do meu coração, sinto que ela está em paz, sorrindo como sempre ao lado de Deus. Sua lembrança mais marcante para mim é a alegria de viver.

Posso afirmar: dona Ana continua viva, porque hoje o seu sorriso vive no meu.

"A alegria do coração é a vida do homem, a alegria do homem aumentará os teus dias."
(Eclesiástico 30:22)

As duas faces da beleza

"Abra seus olhos, disponha o seu coração (...)
A verdadeira beleza é fazer sempre o bem
Mesmo que em troca não receba o que lhe convém."
(Fábio Augusto, "Humana doação")

A vida é bela! Uma frase emblemática que virou título de um filme digno da maior premiação do cinema, o Oscar. O longa-metragem se passa durante a Segunda Guerra Mundial, em meio a cenários de destruição, dor e medo, onde a dignidade humana se esvaiu. Por que, então, dar um título como este a um filme que retrata tantas coisas ruins? Como uma vida assim poderia ser bela?

Essa história excepcional mostrou de forma irônica e perspicaz que a beleza da vida não está nas encantadoras paisagens ou na ausência de tragédias. O que conta para transformarmos um cenário triste em um mundo feliz é a maneira como reagimos às dificuldades. O filme abordou essa ideia de maneira brilhante, através da história de um homem que, preso num campo de concentração, tenta transformar os horrores da guerra em brincadeiras, provocando sorrisos em seu filho e tornando a vida naquele lugar mais suportável.

Mas será isso o que nos vem à cabeça quando ouvimos dizer que algo é belo?

Infelizmente, não. Ao falar de beleza, em primeiro lugar nos vem à mente o que é físico e estético, não a beleza interior e espiritual. Seguindo esse raciocínio, as belas gordinhas retratadas na arte renascentista se contrapõem às admiradas anoréxicas de nossos dias, o que nos faz compreender que o conceito do belo é determinado pelos costumes da sociedade. A beleza física é perseguida pela vaidade desmedida e influenciada pela mídia, tornando-nos reféns de valores distorcidos.

Então eu me pergunto: e a beleza do coração, da alma? Onde está? Esquecida e relegada a segundo plano pela grande maioria.

Certo dia, um exemplo dessa distorção de valores foi parar em meu consultório. Confesso que quando Patrícia me procurou, demorei a entender o motivo da consulta. A jovem de 23 anos com cara de menina e jeito de mulher era alta e muito magra, mas mesmo assim era bonita. Não parecia doente. Num primeiro momento, imaginei que estivesse me procurando por motivos estéticos, talvez incomodada com varizes nas pernas.

Torcendo as mãos de ansiedade, ela me surpreendeu ao contar que tinha uma doença grave, que já havia causado o "entupimento de uma veia do cérebro". Estendeu-me uma carta de encaminhamento, escrita por um colega médico.

Patrícia possuía uma história muito triste, e seu estilo de vida havia causado a cruel doença que tanto a preocupava.

Com orgulho no olhar, ela contou que era uma modelo bem-sucedida desde os 15 anos, tendo desfilado para grandes nomes da moda nacional e internacional. E me explicou que para alcançar o sucesso precisou fazer enormes sacrifícios.

Desde muito cedo foi morar longe dos pais e se afundou em uma rotina diária que incluía alimentar-se o mínimo possível e exercitar-se até seu corpo não aguentar mais. Tudo para manter a silhueta esguia, pronta para caber em qualquer roupa que lhe apresentassem.

Além disso, tomava laxantes que diminuíam sua capacidade de digestão e absorção do pouco que comia. Essa agressão que ela mesma se impunha já durava muitos anos, e, como resultado, seu corpo gritou por socorro.

Primeiro surgiu uma inflamação crônica em seus intestinos que, devido à queda de imunidade, desencadeou uma doença autoimune. Em outras palavras, o sistema de defesa de seu organismo atacava suas próprias células, voltando-se contra ela mesma.

Essa rebeldia imunológica se desenvolveu em silêncio e provocou uma reação em cadeia, causando um descontrole no processo de coagulação do sangue de Patrícia, o que resultou na formação de um trombo na veia cerebral.

Por uma razão que somente Deus pode explicar, ela escapou ilesa da trombose, apesar de ter ficado internada por muitos dias. Mas foi somente depois desse grave episódio que ela caiu em si e percebeu que cuidar da saúde não era mais uma opção, e sim uma necessidade. Por isso me procurou. Ela queria viver! Era só o que importava agora.

Ao ouvir sua história, pensei em quantas vezes somos influenciados pelas pessoas e pelo mundo para seguirmos um caminho de ilusão que nos leva para o fundo do poço.

Olhando para aquela moça, vi como é difícil tomarmos consciência de que estamos numa situação complicada. Infelizmente, esse despertar para a realidade acontece quando sentimos na pele o risco iminente da morte. A verdade é que muitas vezes o caminho de salvação precisa passar antes por um caminho de cruz.

Depois de pedir vários exames e analisar os resultados, recomendei a Patrícia que tomasse por um bom tempo, senão para o resto da vida, um medicamento anticoagulante para evitar que novos trombos se formassem. Seria fundamental também que ela fizesse exames de sangue periódicos para acompanharmos a evolução da doença e prevenir novas crises. E, o mais importante, seria imprescindível uma mudança drástica em sua rotina e em seu estilo de vida. A preocupação maior seria com a saúde, e não mais com a estética.

É possível ver nos olhos de uma pessoa quando nossas palavras chocam e tocam o coração. Mas o que mais me chamou a atenção em Patrícia foi sentir que, apesar de tudo o que eu dissera, ela ainda tentava negar que o mal que sofria agora era consequência direta de atitudes negligentes com seu corpo, assim como o alto nível de estresse devido a preocupações com o peso e a beleza física.

Conversando, tentei fazê-la entender que a insistência naquele regime sinalizava uma anorexia nervosa que – além de ser a causadora de tudo – agravaria mais ainda sua enfermidade e poderia até levá-la à morte.

Assim como nos casos de alcoolismo ou nas compulsões, a consciência da dimensão do problema torna-se o primeiro passo para um tratamento eficaz. Seria muito importante que ela se afastasse das pessoas e das situações que enfatizassem o estilo de vida que levava anteriormente. Isso incluía, de modo especial, os amigos que valorizavam a magreza excessiva e viam a anorexia como algo normal. Na verdade, algumas pessoas encorajam os maus hábitos, dando aquele empurrãozinho que falta em direção ao que nos prejudica.

A decisão de romper com esses velhos hábitos era algo que somente ela poderia fazer... passo a passo... um dia de cada vez. Apesar de saber que seria difícil implementar uma mudança tão radical, eu acreditava que ela conseguiria. Para tanto, Patrícia devia confiar que eu estaria sempre ali para apoiá-la quando desejasse partilhar suas angústias e ouvir uma palavra amiga.

Conversaríamos sobre o assunto em todas as consultas subsequentes, pois ela precisaria de bastante ajuda no processo de recuperação. Além da assistência médica que tinha agora, necessitaria também de suporte emocional e espiritual.

Quando disse que a encaminharia a um psiquiatra, um psicólogo e um nutricionista, Patrícia balançou levemente a cabeça, sinalizando que não os procuraria, apesar de minha sugestão.

Aquela moça sentia-se perdida. Desde a adolescência adotara um estilo de vida que valorizava o supérfluo: roupas, sapatos, maquiagem, desfiles, festas, fotografias, revistas, e agora se desesperava ao imaginar que seria privada de tudo isso. Precisaria deixar para trás suas referências e se questionava se seria capaz de recomeçar do zero sua jornada em busca da felicidade.

Depois que nos despedimos, fiquei por alguns minutos refletindo sobre a dificuldade de nos desvencilharmos de velhos hábitos. Eles estão enraizados em nossa rotina e muitas vezes parecem definir quem somos. Alguns deles são edificantes, é verdade; no entanto, mesmo quando são destrutivos eles funcionam como algemas que nos prendem ao velho e não nos permitem dar um único passo em outra direção.

Algum tempo depois, soube que Patrícia tinha abandonado a carreira. Ela ouvira meus conselhos e sua primeira atitude foi sair da casa mantida pela agência, onde morava com outras modelos que infelizmente se encontravam na mesma situação. Ao voltar para a casa dos pais, entendeu que longe das influências negativas e da rotina massacrante seria mais fácil levar o tratamento adiante. Começou a tomar os medicamentos que eu havia prescrito, mas ainda resistia a procurar o psiquiatra, o psicólogo e o nutricionista. "Eu não estou maluca, doutor. Agora vou cuidar mais de mim e tudo dará certo", ela justificou.

Patrícia estava distante dos grandes centros da moda, das amizades com pessoas do meio e das badaladas festas e tentava reconstruir o relacionamento com os pais, os únicos que a acolheram e a ampararam nesses momentos difíceis.

Durante esse período, os telefonemas dos antigos amigos dos tempos de modelo foram aos poucos rareando até que um dia desapareceram. Ela percebeu que somente quando nos vemos sem saída é que enxergamos quem realmente nos ama e nos quer bem, pois estes, sim, permanecem ao nosso lado.

Em um dos retornos ao meu consultório, vi que Patrícia tinha perdido o peso que ganhara com esforço depois de certo tempo de tratamento. Percebi que o nervosismo e a ansiedade de antes estavam de volta.

Então ela me contou que os poucos quilos que havia engordado foram suficientes para que se achasse feia. Além disso, ao encontrar pessoas conhecidas, o primeiro comentário que ouvia era: "Você engordou um pouquinho, hein? Está mais fofinha..." Isso era o bastante para fazê-la se sentir péssima.

Seu namorado, também modelo, reclamava que ela havia engordado e que suas roupas estavam ficando apertadas. Quando ele pediu um tempo no relacionamento, Patrícia acreditou que o motivo era seu peso, e não as frequentes discussões que vinham tendo. Essa foi a gota d'água que faltava para o seu copo transbordar.

A pressão que aquela menina sofria era enorme, e a cobrança de todos para que se mantivesse fiel ao padrão de beleza imposto pelo mundo da moda a empurrava novamente em direção à anorexia.

Enquanto ela falava, refleti quanto as palavras que proferimos, muitas vezes de maneira inocente, têm poder sobre os que nos rodeiam, sendo capazes de construir ou destruir, de matar a esperança e a fé.

Talvez, se tivéssemos consciência do impacto que nossas palavras causam na vida dos outros, houvesse mais silêncio no mundo. Lembrei-me de uma frase de madre Teresa de Calcutá que diz que as palavras que não iluminam o caminho de ninguém não dão luz, somente aumentam a escuridão.

Entendi que, no fundo, Patrícia procurava justificativas para seu desejo de emagrecer novamente, ansiosa para ser aceita por todos e acreditando que somente se fosse magra poderia ser amada.

Ela se sentia só, e não há maior solidão do que a ausência de si mesmo. É preciso nos encontrarmos como pessoa para então sermos capazes de estar verdadeiramente em paz ao lado dos outros.

Em silêncio, imaginei quantas outras pessoas têm sua autoestima roubada por uma falsa ideia do que é belo ou não. Quantas outras jovens perseguem padrões de beleza inatingíveis para se sentirem merecedoras de amor e aceitação? Como é difícil para essas pessoas enxergarem que o belo não está somente nos olhos, mas também no sentimento que vive dentro de cada um.

O coração daquela menina estava vazio e infeliz. Ela se encontrava distante de Deus e havia banido a espiritualidade de sua vida. Não havia espaço para a fé, apenas para o material e as aparências. A presença de Deus fazia-lhe uma falta enorme. Patrícia ainda não percebera que havia um Pai todo amoroso que a acolheria sempre, independentemente de sua condição física. Um Deus que estaria ao seu lado nos momentos de dificuldade e guiaria seus passos sempre na direção do bem.

Quando estamos sem esperança, pouco adianta alguém nos dizer o que precisamos fazer e qual o melhor caminho a seguir. Afinal, falar é fácil. Nessas horas, mais vale um amigo que nos ampare na nossa jornada de resgate da vida. Eu sabia que os pais de Patrícia já estavam fazendo esse papel, mas uma ajuda profissional era indispensável.

Era hora de ser mais enfático. A moça precisava ser encaminhada a um colega mais preparado para orientá-la em seus transtornos psicológicos. Sua autoimagem estava totalmente distorcida e sua autoestima havia sido destruída.

Pensei em quanto o padrão de beleza é ilusório. Afinal, como é possível crer que o belo se restringe a um atributo físico tão efêmero?

O que é belo para alguns, para outros é feio. Por isso, falar sobre tal assunto é tão complicado: não há consenso. A beleza está nos olhos de quem a contempla. Sim, fica então fácil entender por que, quando estamos de mau humor, tudo nos parece ruim; e por que, quando nos sentimos alegres, essas mesmas coisas se transformam magicamente ante nossos olhos. Se a irritação e a rabugice nos dominam, somos incapazes de admirar um quadro, desfrutar dos acordes de uma sinfonia, achar graça no corre-corre e nas risadas das crianças... Tudo parece bobagem, nos incomoda e nos leva a ver defeitos no que não tem.

A sabedoria está em encontrar o belo em qualquer situação, em extrair algo de bom de acontecimentos que a princípio pareciam desagradáveis e frustrantes, revertendo tragédias em aprendizados e tristezas em amadurecimento.

A forma como um escultor vê um objeto inanimado, a exemplo de uma pedra, é diferente de como o enxergamos. Para qualquer pessoa, uma grande pedra, por mais bonita que seja, será sempre uma pedra grande. Porém, um escultor verá naquele bloco todo o seu potencial de criação, uma bela forma a ser esculpida, a obra de arte que se construirá sob seus dedos.

Deve ser esta a nossa missão: enxergar nas pessoas, nas paisagens e nos fatos do dia a dia a beleza que neles se encerra. Ser capaz de descobrir onde se esconde o verdadeiro sentido da vida, do amor e da amizade.

Acreditar que a vida é bela depende da maneira como enxergamos o mundo.

Nas consultas seguintes, após analisar novos exames, comprovei que a dosagem da medicação utilizada era suficiente para controlar o distúrbio de coagulação sanguínea de Patrícia. Apesar de seu peso permanecer o mesmo, recebi com alegria a notícia de que ela enfim havia ido à sua primeira consulta com o psiquiatra, e que ele reforçara a importância do acompanhamento de um psicólogo e nutricionista. Ela finalmente aceitara as recomendações e marcara as consultas.

Olhando para aquela bela moça à minha frente, concluí que ela precisava reconhecer-se como pessoa, valorizar-se e aumentar a autoestima, assim como combater o estresse e a depressão que preenchiam os seus dias. Mas como fazer para mudar tão drasticamente o rumo de sua vida?

Sugeri à jovem que usasse seu tempo engajando-se em algum projeto social, substituindo o vazio dentro de si por ações voltadas para o bem. Contei-lhe que eu mesmo era voluntário em várias instituições filantrópicas, e era testemunha do poder curativo da solidariedade. Esse fenômeno foi comprovado cientificamente por diversos estudos de universidades renomadas em todo o mundo.

Uma das pesquisas mostrou que aqueles que se dedicavam ao trabalho solidário tinham um aumento significativo na sensação de bem-estar após as ações filantrópicas, reduzindo seus níveis de estresse e alcançando maior equilíbrio emocional. Curiosamente, também apresentaram uma melhora em seus problemas de saúde e recuperaram, de uma forma geral, sua qualidade de vida.

Interessante pensar que o altruísmo seja capaz de fazer milagres, tanto para aqueles que recebem os gestos de doação quanto para os que estenderam suas mãos para ajudá-los, conquistando uma paz de espírito que talvez não fossem capazes de alcançar de outra forma.

Deixei essas reflexões para que ela, com calma e carinho, pensasse sobre o assunto e, quem sabe, acolhesse esse novo desafio em sua vida.

Patrícia me deu um forte abraço e, emocionada, agradeceu por tudo o que eu havia feito por ela. Notei as lágrimas em seus olhos e senti que de alguma forma, naquele dia, minhas palavras haviam tocado seu coração de uma maneira especial.

Tempos depois, fiquei surpreso ao encontrá-la trabalhando em um almoço beneficente do asilo em que eu atendo semanalmente como médico voluntário. De longe, observei o largo e lindo sorriso que estampava seu rosto enquanto corria de um lado para outro servindo as mesas espalhadas pelo salão. Percebi que agora Patrícia parecia ter encontrado um outro significado e sentido em viver, pois havia sido capaz de enxergar a verdadeira beleza na alegria de servir.

Inegável concluir que escolhemos o que será semeado, mas que, por outro lado, colheremos no futuro necessariamente o fruto de nossas escolhas. Em outras palavras, mesmo quando não temos controle sobre os acontecimentos, temos o poder de enfrentá-los com uma postura positiva e assumir atitudes que fazem a diferença.

Apesar de tantas vezes nos julgarmos vítimas do mundo, somos os únicos responsáveis pelos rumos que damos ao barco de nossa vida, segurando o leme com firmeza em meio às tempestades, quando a correnteza parece nos levar na direção oposta, ou até mesmo quando o barco da vida está prestes a virar. O leme está sempre em nossas mãos, e a bússola que nos guia é o amor do Pai.

Quando agimos inspirados pelo discernimento e sabedoria divinas, carregamos em nosso íntimo habilidades únicas, capazes de transformar cada simples acontecimento em uma obra de arte.

Cada um é belo de forma peculiar aos olhos do Criador. São as pequenas singularidades que nos tornam tão especiais aos Seus olhos.

"E ainda que o nosso corpo se desgaste, o nosso interior renova-se de dia para dia. As aflições do momento presente são leves, comparadas com a grande e eterna glória que elas nos preparam. Não fixamos a nossa atenção nas coisas que estão à vista, mas naquelas que ainda não se veem. Pois o que se vê é passageiro, mas o que ainda não se vê é eterno."

(2 Cor 4:16-18)

O Bom Pastor

"Levante a sua cabeça, por favor, não se esqueça,
Cristo também sofreu.
Não pense que Ele está tão distante,
Ele está ao seu lado e se compadeceu
De todo o seu sofrimento, sua dor, sua angústia, sua falta de paz.
Lembre: Cristo é seu caminho, sua fé o sustenta,
não te abandonará."

(Fábio Augusto, "O Bom Pastor")

Os dias nunca são iguais. Podem ser parecidos, mas não devemos confundir a rotina com a mesmice.

Apesar dos compromissos corriqueiros, pequenos milagres tornam nosso dia especial: um abraço apertado dos nossos filhos, um beijo afetuoso da esposa, o céu azul ou as canções que ouvimos no rádio e que nos despertam boas lembranças. São pequenos detalhes que colorem a tela em branco que nos é presenteada por Deus a cada nascer do sol.

Mas não é assim para muitos de nós. Conheço pessoas pessimistas que encaram o passar das horas como simples movimento dos ponteiros do relógio, não enxergando a oportunidade de construírem sua própria felicidade.

Acredito que o que torna belo nossos dias é poder viver essa rotina ao lado de quem amamos e de quem nos quer bem, seja em casa, no trabalho ou em comunidade. E, ao anoitecer, ter inúmeras histórias para compartilhar durante o jantar.

As coisas grandes chamam a minha atenção, mas são os pequenos detalhes do dia a dia que despertam a minha admiração. Deus me deu a graça de ver a beleza na rotina.

E foi assim que comecei mais uma sexta-feira. Como faço sempre que possível, saí para correr no parque logo depois do nascer do sol, momento em que silenciosamente planejo o dia e reflito sobre os desafios que precisam da minha atenção.

Voltei para casa e, após o banho e o café da manhã, eu e minha esposa começamos o complexo processo que é sair de casa e levar as crianças para o colégio: lembrá-los de escovar os dentes, pegar o casaco, o material, o lanche e, finalmente, entrar no carro, não sem antes darem um beijo e um abraço na mãe, que os observa da soleira da porta, pronta para ajudá-los caso tenham esquecido alguma coisa. Às vezes, quando estão atrasados, fazem tudo isso penteando o cabelo e amarrando os cadarços dos tênis.

Enquanto dirijo, fazemos uma oração e conversamos sobre os compromissos do dia, complementando ou retrucando a fala do outro, até porque muitas vezes o sono ainda pesa sobre os olhos e mantém o bom senso adormecido. Não é raro eu dizer: "Filha, paciência com o seu irmão". E ela: "Mas, pai, foi ele quem começou..."

Enquanto escrevo estas linhas não posso evitar um sorriso, pois se torna cômico ver tamanha agitação todas as manhãs. Mas, por outro lado, emociono-me ao perceber em cada palavra, em cada gesto, em cada preocupação, um sentimento maior que nos une, um vínculo que se renova a cada dia em que esta abençoada rotina se desenrola.

Recordo-me que nessa sexta-feira meio preguiçosa fiquei em cirurgia a manhã toda. Próximo ao horário do almoço, recebi um telefonema de um colega médico, também angiologista e cirurgião vascular, solicitando um favor especial.

O Dr. Roberto explicou-me que precisaria viajar durante o fim de semana para resolver problemas familiares. No entanto, o quadro de um paciente sob sua responsabilidade não evoluíra como esperado e, portanto, ele necessitou permanecer internado por mais alguns dias. Meu colega pediu que eu assumisse o caso, acompanhando diariamente a evolução do paciente e tomando as providências necessárias até a sua volta. Aceitei o pedido e ele então me contou os detalhes do caso em questão. O paciente era diabético havia vários anos e, em função do descontrole das taxas de açúcar no sangue, desenvolvera uma infecção muito grave em ambas as pernas. Foi preciso utilizar antibióticos potentes, mas mesmo assim a perna direita não respondera ao tratamento e permanecera comprometida, fazendo-se necessária sua amputação. Desde então, ele melhorara bastante, mas não o suficiente, e por isso continuava internado.

Ao cair da tarde desse mesmo dia, fui até o hospital me apresentar ao paciente e explicar-lhe a situação. O Sr. Ângelo estava muito deprimido, com cara de poucos amigos e quase não falou comigo, apesar de meus esforços em puxar conversa. Disse apenas sentir muita dor no local da cirurgia, que ainda era recente – o que também era um dos motivos para estar tão amuado.

Dona Veridiana, a esposa, permanecia ao seu lado e demonstrava no rosto preocupação com o marido. Ela contou que ele não queria comer, pouco se comunicava e só pensava em dormir, comportamento que se repetia desde o primeiro dia de internação e que piorara após a amputação.

No meio da conversa, descobri o motivo da aflição de dona Veridiana. Seu marido, homem decidido e pai de três filhos, era um pastor evangélico muito ativo e falante, e há mais de 30 anos liderava uma igreja frequentada por centenas de pessoas. Isso até vinte dias antes, quando chegou ao hospital. Hoje, ele parecia ser uma sombra do homem que fora no passado.

Desde então sentia-se inutilizado, mutilado e, pior, acreditava que sua liberdade havia sido ceifada, pois agora se via preso a uma cama, sem perspectiva de retorno para casa e muito menos para o trabalho. Sua preciosa rotina ao lado dos amigos, da família e dos fiéis da assembleia havia sido comprometida. Ele certamente se perguntava o que faria com seus dias a partir de então.

Ouvi dona Veridiana em silêncio, enquanto observava com atenção a fisionomia do Sr. Ângelo, agora já com os olhos fechados. Depois de me despedir, voltei para casa pensativo. Aquele homem não precisava de tratamento somente para sua perna. Ele precisava de muito mais.

Antes de dormir ainda estava pensando naquele senhor. Pedi a Deus inspiração para conseguir amenizar o seu sofrimento. A dor que ele sentia não era apenas física; o problema atingira diretamente a sua alma.

O sábado prometia ser agitado. Eu tinha vários procedimentos cirúrgicos agendados, mas saí um pouco mais cedo de casa para ver os resultados dos exames que havia solicitado para o Sr. Ângelo e, se preciso fosse, modificar a medicação que ele vinha tomando.

Ao entrar no quarto, encontrei a mesma apatia do dia anterior. Sua perna estava um pouco melhor, mais quente, sinalizando a recuperação na circulação sanguínea. Os exames de sangue estavam no limite da normalidade, o que sugeria que precisaríamos manter a internação e o tratamento com antibióticos, curativos e repouso.

Naquele momento eu estava inquieto e preocupado, pois sabia que outros pacientes me aguardavam no pré-operatório. Prometi voltar à noitinha para uma nova visita com mais calma.

Saí de lá me sentindo mal. As mensagens de encorajamento que carregava em meu coração não vieram à minha boca, talvez porque quando a mente se encontra inquieta não conseguimos traduzir em palavras tudo o que diz a nossa alma. No entanto, sempre temos oportunidade de nos redimir. Prometi a mim mesmo que, quando o visse novamente, conversaríamos, e que dessa vez seria diferente.

A manhã de sábado, como eu previra, foi movimentada. Ao final do trabalho, almocei com minha esposa e as crianças. Após um breve momento de descanso, fui ao grupo de apoio para ex-dependentes químicos, onde trabalho como médico voluntário. Enquanto ouvia os testemunhos de vida dos presentes, mais uma vez me lembrei do Sr. Ângelo, pois ele e aqueles jovens tinham no olhar a mesma expressão em que transparecia a sombra da falta de esperança.

Já era noite quando voltei ao hospital para vê-lo. Fui recebido por dona Veridiana, que me contou que seu marido mal comera ou conversara durante todo o dia. Pensei em como aquele homem havia se entregado à situação sem lutar, deixando que o sofrimento apagasse de sua mente as promessas que Deus tinha para ele, e que ele conhecia tão bem.

O Sr. Ângelo estava deitado de lado; então me sentei em uma cadeira de frente para ele, de forma que pudéssemos estar próximos e olhar nos olhos um do outro. Eu tinha muito a dizer.

Comecei falando que era normal nos sentirmos fragilizados em situações como aquela; ainda mais no caso dele, que teve uma das pernas amputada.

Afirmei que Deus o tinha como um filho querido, cuidado com carinho na palma de Suas mãos. Eu sabia que ele certamente tinha dito inúmeras vezes aos seus fiéis que Deus nunca nos abandona. Isso não era conversa fiada, e sim a mais pura verdade. Não importa onde estejamos, nosso Pai sempre está presente e nos mostra o caminho para superarmos os obstáculos. O que ocorre é que muitas vezes nos fechamos em nós mesmos, mergulhados em nossas perdas momentâneas, misérias particulares e dramas pessoais, e não escutamos a Sua voz.

Falei que era hora de enfrentar com fé e coragem as provações, pois talvez houvesse muito a aprender com as dificuldades que o afligiam.

Não existe caminho sem pedras. Cada um de nós tem sua própria estrada e suas próprias pedras, que nos fazem tropeçar e querer desistir. Mas sempre acreditei que ser feliz não significa viver só de alegrias... mas sentir-se vitorioso por vencer o medo e enxergar as tristezas como oportunidades de amadurecermos e nos tornarmos seres humanos melhores.

Nós dois éramos, acima de tudo, irmãos na fé, mesmo frequentando igrejas diferentes. Como irmão, eu queria vê-lo feliz, e não entregue à depressão como naquele momento.

Enquanto eu falava, aquele homem maduro me olhava curioso e atento. Vi surgir em seus olhos uma chama que ainda não havia sido extinta.

Nessa ocasião, entendi que Deus não nos dá a resposta quando a queremos, e sim quando estamos prontos para ouvi-la. Eu me sentia em paz e por isso conseguia escutar o que sussurrava o meu coração. Convicto de que Deus se fazia presente e queria que seu filho querido fosse resgatado, continuei a falar:

– Sr. Ângelo, nem sempre entendemos os caminhos que o Pai nos reserva. Estamos tão preocupados com nossas frustrações que nos esquecemos da confiança e da fé que depositamos Nele. Agora é hora de olhar à sua volta e ser grato por estar vivo, por ainda possuir uma perna sã, por ter intacta a capacidade de pensar e pregar e por poder contar com pessoas que o amam e o apoiam. Levante a cabeça e não se esqueça de que Jesus, durante toda a sua vida, sabia que padeceria, mas mesmo assim seguiu em frente por amor à humanidade. Ele sofreu e nem por isso desistiu de nós. Então hoje falo em nome daqueles que lhe querem tão bem, que oram por sua recuperação e que precisam tanto da sua presença e da sua palavra amiga: Não desista.

Ele ainda me olhava em silêncio.

– Quando nos sentimos enfraquecidos e clamamos por força e coragem, Deus nos apresenta oportunidades de nos fortalecermos, e isso só acontece nos momentos de dificuldade. Ele nem sempre dá o que pedimos, mas nos oferece aquilo de que precisamos, já que nossos desejos podem não estar de acordo com Seu plano de amor. Quando nossas forças se esgotam, somente Deus pode nos manter de pé. Se o nosso coração estiver machucado e nos impedir de continuar, Ele nos levará no colo. Vamos fazer um trato: amanhã lhe farei uma surpresa, e, caso o senhor goste, atenderá a um pedido que revelarei depois. Combinado?

Hoje, quando me lembro dessa ocasião, penso que o Sr. Ângelo aceitou a proposta mais pela curiosidade do que pela real intenção de atender ao meu pedido. Após me despedir, dona Veridiana fez questão de me acompanhar até o elevador. Já longe do quarto, falou com os olhos marejados sobre o desespero de ver o marido, antes tão enérgico e decidido, naquele estado frágil e entregue. Ele sempre fora o equilíbrio de sua vida, mas agora era ela quem precisava ser forte: pela sua própria dor e pela dele também. Abraçou-me apertado agradecendo minha presença e a consideração que eu dedicara ao homem que ela tanto amava.

Voltei para casa, peguei o violão e, inspirado, compus uma canção que falava principalmente do poder de superação por meio da fé. Gravei a melodia e imprimi a letra.

Domingo bem cedo cheguei ao quarto do Sr. Ângelo com o violão nos braços. Um misto de curiosidade e espanto tomou conta do ambiente. Expliquei que eu era médico, mas que também gostava de compor músicas que falassem do amor de Deus e das coisas que nos aproximam Dele. Pedi-lhe que não se esquecesse da promessa que me fizera e comecei a tocar a canção composta na noite anterior.

A emoção tomou conta do lugar. Ele acompanhava atento e com os olhos marejados a letra da música que eu havia colocado em suas mãos.

O refrão frisava que desistir não era uma opção de amor. Mas acredito que a parte que mais tocou seu coração foi o final, que falava sobre a importância dele como pastor, seguindo o exemplo de Jesus Cristo, o nosso Bom Pastor, protetor das ovelhas feridas, desgarradas, perdidas e desamparadas. Ele cobriu seu rosto com uma das mãos, chorando abertamente.

De tanto conviver com pessoas diferentes, aprendi que às vezes choramos não por sermos fracos, mas por termos passado muito tempo tentando ser fortes. Era isso que eu via nas lágrimas do Sr. Ângelo. Dona Veridiana e um dos filhos que se encontrava presente também não contiveram as lágrimas. Confesso que até para mim foi difícil segurar a emoção. O quarto foi dominado por uma imensa alegria, substituindo toda a tristeza que antes habitava aquele lugar.

Enfim, havia chegado a hora do meu tão esperado pedido. Olhei para o pastor e revelei meu desejo:

– Mude sua maneira de encarar a doença, mude sua atitude para com o mundo e ele mudará também. Chega de se lamentar. Todos nós desejamos um caminho iluminado, mas nem sempre estamos dispostos a fazer o esforço necessário para manter a chama acesa. Tenha a certeza de que essa é mais uma oportunidade que Deus lhe dá para se fortalecer e crescer diante da adversidade, sendo testemunha viva do Seu amor. É hora de se encher de coragem e dar valor a quem realmente importa: sua família e seu rebanho.

Pedi que ele voltasse a comer, a sorrir, a lutar e, principalmente, a agradecer. Disse que quando ele estivesse andando novamente, com uma prótese de perna, eu gostaria de visitar a sua igreja, contar essa história de fé para a assembleia e cantarmos juntos a canção do Bom Pastor. Ele, com os olhos ainda úmidos, aceitou sorrindo. Então me deu um abraço apertado e disse:

– Obrigado, doutor. Esse presente demonstrou que Deus está cuidando de mim e por isso me enviou um sinal de Sua presença. Não posso culpá-Lo pelo meu descuido com a saúde. Vou carregar a minha cruz e seguir com fé.

Despedi-me de todos, pois no dia seguinte o Dr. Roberto já estaria de volta e reassumiria o caso. Senti o imenso carinho daquela família e percebi como nossas poucas horas juntos haviam feito diferença em suas vidas.

Quando meu amigo retornou de viagem, contei-lhe toda a história. Assim como o Sr. Ângelo, Roberto também é cristão evangélico e, assim como eu, é um médico preocupado em cuidar dos pacientes como seres humanos, ajudando-os a resgatar a vontade de viver. Conversamos sobre o caso e ele prometeu que me manteria informado sobre a recuperação do paciente.

Depois de alguns meses, recebi um telefonema do Sr. Ângelo e o convite para visitar sua igreja. Soube que ele colocara uma prótese em sua perna direita, controlara o diabetes e havia retornado às suas atividades como pastor.

E foi num domingo ensolarado que nos encontramos novamente, unidos pelo mesmo Deus. Lembro-me de que naquele dia ele começou a pregação agradecendo e dedicando sua vida e a de sua família ao Pai. Testemunhou a experiência de deserto que vivera durante a hospitalização e no fim pediu-me que subisse ao palco para cantarmos juntos a canção do Bom Pastor. A música ecoou em todos os corações, aproximando-nos como irmãos e, o mais importante, tornando-nos vencedores em Cristo.

"Tenho ainda outras ovelhas que não são deste aprisco; a essas também me importa conduzir, e elas ouvirão a minha voz; e haverá um rebanho e um pastor."

(João 10:16)

O Deus do impossível

"Você pode escalar qualquer montanha
E ter forças pra lutar qualquer batalha.
Basta acreditar que Deus não o abandonou
E então verá que o sonho já se realizou."
(Fábio Augusto, "Um gigante")

Diferentemente do que se possa imaginar, as tragédias que se abatem sobre nosso corpo são muito pequenas comparadas às que destroem a nossa alma. Não existe tristeza maior do que a mutilação do eu interior.

Alguns desses acontecimentos nos pegam de surpresa e num piscar de olhos fazem nosso mundo desabar. Essas adversidades transformam a vida em um caos e causam danos irreversíveis.

De quem é a culpa pelo infortúnio? Algumas pessoas vestem a carapuça de vítimas e dedicam seus dias a destilar ódio contra tudo e contra todos, como se, com isso, aliviassem o rancor e o ressentimento que preenchem seu coração. Elas não permitem que o ferimento cicatrize, pois, quando o pior parece ter passado, reavivam dentro de si as mágoas e as lembranças, retirando a "casquinha" que impedia a ferida de sangrar. Então o ciclo de sofrimento recomeça.

Por outro lado, alguns entendem que para as fatalidades não há réus nem responsáveis. Após um compreensível período de tristeza e luto, as chagas emocionais são curadas e deixam em seu lugar as cicatrizes, com as quais é preciso aprender a conviver da melhor forma possível.

Aqueles que não aprenderam a lidar com os reveses da existência não se desapegam do passado nem entendem que é preciso enxergar o mundo de forma diferente, pensando e agindo sem amargura.

Para estes, a fé em Deus é um remédio capaz de fazê-los erguer a cabeça e seguir em frente, desatando os nós que os prendem ao tempo que se foi e que não mais retornará.

Era uma manhã de inverno, nublada e fria. Eu e meu filho, já suados pelo esforço, abarrotávamos o carro com malas, bolsas, violões, bicicletas e livros, que eram trazidos por minha esposa e minha filha. Estávamos prestes a sair em viagem para visitar parentes que havia muito não víamos, aproveitando as férias das crianças.

Então meu celular tocou. Ficamos todos mudos e imóveis; parecíamos congelados ante o ruído insistente. Eu e minha esposa trocamos olhares silenciosos. Confesso que, ao ver o número do hospital registrado no visor do aparelho, hesitei, decidindo se atenderia ou não o chamado, pois sabia que aquilo poderia atrapalhar nossos planos.

Atendi. A telefonista do hospital, demonstrando ansiedade em sua voz, informou que a equipe de resgate trouxera um caso gravíssimo de atropelamento, acrescentando que o plantonista do dia estava ocupado com uma cirurgia de emergência e pediu que me localizassem, pois precisava que eu o ajudasse, assumindo o novo caso.

Enquanto dizia à telefonista que eu chegaria no hospital em poucos minutos, tive tempo de ver o sorriso compreensivo de minha esposa e meus filhos, que já começavam a retirar a bagagem do carro. Em silêncio, agradeci a Deus pela família com a qual me presenteara. Não ouvi de suas bocas uma única reclamação ou presenciei qualquer olhar de reprovação. Eles entendiam e aceitavam as cruzes da minha profissão.

Praticamente voei até o hospital. Chegando lá, encontrei toda a equipe agitada e apreensiva. Pelo olhar de todos, percebi que a atendente não exagerara na gravidade do ocorrido.

O médico do corpo de bombeiros me localizou e, enquanto caminhávamos apressadamente em direção à sala de emergência, apresentou o caso: uma senhora de 72 anos havia sido atropelada por um caminhão quando voltava da igreja, pouco depois das sete da manhã. Suas duas pernas foram completamente esmagadas, com fraturas expostas de todos os ossos, além da total destruição dos músculos e da pele. Era diabética, hipertensa e cardíaca; obviamente sentia muita dor. Estava consciente e extremamente pálida em decorrência da grande perda de sangue.

Ao me aproximar e perguntar o seu nome, ela disse entre lágrimas que se chamava Lourdes. Pedi que se tranquilizasse, pois tomaríamos todas as providências para atendê-la da melhor forma possível. Não pude evitar o assombro de ver suas pernas naquele estado.

Dei ordem para que a encaminhassem ao centro cirúrgico imediatamente, mas o pronto-socorro estava lotado e os auxiliares de enfermagem demoraram a chegar. Então eu mesmo empurrei a maca até o elevador e subi com a paciente. Não dava para esperar. Seu caso envolvia um grande risco de morte e a perda das pernas era o menor de seus problemas naquele momento.

Com os procedimentos pré-operatórios em andamento, procurei os familiares da vítima na porta do centro cirúrgico e não demorei a reconhecê-los. Desesperados por notícias e inconformados com a tragédia, abraçavam-se chorando no corredor. Após uma rápida conversa, expliquei-lhes a gravidade do caso e eles prontamente me autorizaram a fazer o que fosse necessário para que Lourdes sobrevivesse. Muito religiosos, ficariam em oração ali mesmo até que a cirurgia terminasse.

Quando retornei à sala de cirurgia, o anestesista informou que a pressão arterial da paciente encontrava-se muito instável e, em alguns momentos, os batimentos cardíacos de dona Lourdes eram quase inaudíveis. O banco de sangue trouxe bolsas de concentrado de hemácias para reposição das perdas que sofrera. Embora houvesse pouca melhora na pressão arterial, decidi iniciar a cirurgia mesmo assim.

Antes que ela estivesse completamente sedada, consegui trocar algumas palavras com aquela senhora, que, já um pouco confusa, tinha dificuldade para se expressar.

Cheguei perto do seu ouvido e pedi que ficasse tranquila e fizesse suas orações até o sono chegar. Tentaríamos diminuir a sua dor. Ela ficaria bem.

A sala foi tomada por estagiários e enfermeiros curiosos em acompanhar o desfecho daquela tragédia. Na tentativa de preservar a dignidade e o respeito pela paciente, pedi que permanecessem na sala apenas os profissionais necessários para o atendimento. Era imprescindível começar a operação o quanto antes para conter o sangramento.

Os médicos sempre fazem o possível para evitar uma amputação, mas naquele caso a reconstrução dos tecidos era impossível, pois estavam totalmente destruídos. Não houve saída: foi necessário amputar as duas pernas acima dos joelhos.

Ao final do procedimento, encaminhei a paciente ainda instável ao Centro de Terapia Intensiva. Ao me encontrar novamente com a família de dona Lourdes, informei-lhes que a amputação das pernas tinha sido inevitável e que a situação ainda continuava crítica, embora todos os recursos estivessem sendo utilizados para a estabilização do quadro. Agora teríamos que aguardar. Além de todos os problemas ocasionados pelo atropelamento, outros fatores, como a idade avançada, a obesidade, o diabetes, a hipertensão e a insuficiência cardíaca, poderiam dificultar muito sua recuperação.

Infelizmente, precisei alertá-los também de que as chances de sobrevivência eram muito pequenas, mas que deveriam manter a esperança e orar. Nós, humanos, já havíamos feito o que nos cabia. Agora só nos restava esperar pelo Pai, pois Ele era o Deus do impossível.

E assim a família de Lourdes fez durante todo o dia, a noite e a madrugada. Todos unidos em oração no corredor do hospital.

Já ouvi algumas pessoas se perguntarem: se Deus é mesmo tão poderoso, por que precisa das nossas preces diárias? A resposta que encontro dentro de mim é: Ele não precisa. Na verdade, somos nós que precisamos transformar em palavras o que grita o nosso coração. As orações nada mais são que mensagens colocadas em envelopes de fé, enviadas por nós, filhos, a Deus Pai. Talvez elas não influenciem o que entendemos ser Deus e nem a Sua vontade, mas preparam nosso coração para enxergar Suas obras em nossa vida.

No dia seguinte, enquanto me dirigia ao hospital para realizar a primeira visita pós-operatória, confesso que não tinha grandes esperanças de ver dona Lourdes restabelecida, tamanha a gravidade das lesões que sofrera. Esperava encontrá-la ainda inconsciente, entubada e talvez com a pressão arterial e os batimentos cardíacos instáveis.

Porém, ao entrar no CTI, detive-me por alguns segundos na porta, surpreso com a cena diante de meus olhos. Constatei que, de fato, absolutamente nada é impossível para Deus.

Inacreditavelmente, dona Lourdes, a senhora de 72 anos atropelada e recém-saída de uma cirurgia com altíssimo risco de morte, estava ali, consciente, rodeada de alunos da faculdade de medicina e enfermagem, com a cabeceira do leito levantada, gesticulando entusiasmada com as mãos ainda ligadas aos tubos de soro.

Aproximei-me em silêncio para tentar ouvir o que ela dizia. Com a maior simplicidade, contava que havia sido atropelada por um jovem motorista que não respeitou a sinalização nem a faixa de pedestres por onde ela transitava. E que esse único descuido dele havia causado a perda de suas pernas e quase a sua morte.

Ela dizia que existem acontecimentos que somos capazes de reverter, mas que outros são definitivos e em um único segundo transformam completamente a nossa vida e a de outras pessoas.

Havia sido assim com ela. Mesmo sem conhecer o motorista que a atropelara, dona Lourdes não o imaginava como uma pessoa má e desprezível, mas sim como um homem comum que talvez tivesse dormido pouco cuidando de um filho doente e, ao sair para trabalhar de manhã, ainda sonolento, não prestou a devida atenção na sinalização de trânsito, causando sem querer uma tragédia na vida dela e na sua própria vida.

Todos nós estamos sujeitos às fatalidades. Por isso ela não julgaria, não guardaria rancor e nem ódio no coração, resguardando-se de envenenar a alma com tais sentimentos. Usaria o tempo que lhe restava de vida fazendo-a valer a pena.

Que isso servisse de ensinamento para eles, que ainda tinham muito tempo pela frente. Não deveriam descuidar um só segundo de suas responsabilidades. No entanto, se a fatalidade batesse à sua porta, que fossem fortes o suficiente para enxergá-la como de fato é: um infortúnio que precisa ser superado, e não lembrado pelo resto da vida com amargura. Que tivessem fé em Deus, pois esse é o único meio de seguir em frente e se desapegar do passado que jamais retornará.

Dona Lourdes terminou seu discurso falando sobre os cuidados com os idosos, que, mais lentos devido a eventuais limitações físicas, precisavam de paciência e tolerância redobradas. Todos ao seu redor estavam sorrindo, envoltos pela aura de otimismo contagiante daquela senhora.

Fiquei espantado, mas muito feliz, mal acreditando no que eu via. Era um momento raro para guardar na memória. Era como se um milagre tivesse acontecido diante dos meus olhos.

Aproximei-me da cama sorrindo. Assim que me reconheceu, dona Lourdes encheu-se de lágrimas e agradeceu enquanto segurava forte minhas mãos entre as suas.

Ela me disse que a enfermeira lhe informara que fora necessária a remoção de suas pernas e ela compreendeu que aquela havia sido a minha única saída para mantê-la conosco. Disse também ter sido informada pelos estudantes de medicina que seu caso era de extrema gravidade e que correra o risco de perder a vida.

Eu me senti confortado. Decisões irreversíveis como essa não são fáceis de tomar, pois mudam completamente a vida das pessoas. Apesar da grande responsabilidade, a consciência tranquila por ter feito o meu melhor para o bem de dona

Lourdes me deixava em paz. Era possível sentir as mãos de Deus sobre aquela senhora entusiasmada e risonha, que estava feliz simplesmente pela oportunidade de estar viva e poder transmitir àqueles jovens um pouco de sua sabedoria. Uma lição de vida para mim e para todos que testemunharam aquele milagre.

Uma semana depois, ela recebeu alta hospitalar, mas seriam necessários vários retornos para acompanhamento da recuperação da cirurgia. Dona Lourdes ficou preocupada, pois, devido à obesidade e à amputação, passaria por dificuldades de locomoção. Como compreendia o problema, propus à família que eu mesmo fosse até sua residência para as consultas periódicas. Aliviados e surpresos, todos concordaram.

Assim fiz nos três meses seguintes. Entre curativos e prescrições de remédios, conversas e risadas, tornei-me seu amigo e tive a oportunidade de provar um dos melhores bolinhos de chuva que já comi na vida; não sei ao certo se por causa da boa companhia ou se a receita da família tinha algo especial. O que sei é que pude desfrutar de sua presença e saborear um pouco mais de sua sabedoria e sua fé inabalável.

Muito religiosa, dona Lourdes continuava a ser catequista, atividade que exercia havia mais de vinte anos, ensinando aos jovens a respeito do Deus extraordinário que iluminava seus caminhos.

Não sei por que as pessoas vêm até nós, mas sei que o que elas deixam em nossas vidas permanece para sempre. Às vezes, na correria do dia a dia, cansado do trabalho ou triste diante da dificuldade de salvar um paciente, silencio meu coração e me recordo das lições de vida de dona Lourdes.

Vejo então aquele Deus imenso e maravilhoso que ela me mostrou através de seus olhos. Sinto na pele que os laços que nos unem à vida, apesar de belos, podem se desfazer num simples segundo. No entanto, a fé que nos move pode transformar o emaranhado de fios remanescentes em algo que vale a pena, tecido às custas de esforço e otimismo, e é capaz de aquecer o coração de muitos.

"Eu sou, em verdade, o Senhor, o Deus de todas as criaturas. Haverá algo que me seja impossível?"
(Jeremias 32:27)

O poder da fé

"Creia na esperança
Em um caminho de soluções
E acredite a vida é bela apesar de tantas tribulações..."
(Fábio Augusto, "Jovem, bola pra frente")

Ser um bom pregador é um desafio e uma vocação. É entregar-se como instrumento divino, associando as palavras do Pai às vivências da crônica cotidiana por meio de reflexões simples e edificantes que falam ao coração.

É palpável a expectativa dos ouvintes que esperam sentir na pregação o próprio Deus manifestando-se através do orador, buscando em suas palavras auxílio para compreender e enfrentar as tormentas da vida.

Infelizmente, muitos cometem o erro de comparar as habilidades de eloquência e persuasão desses seres humanos iluminados, esquecendo-se de que cada um deles é único e, apesar de diferentes entre si, têm em comum o comprometimento e a fidelidade à Palavra de Deus, bebendo da mesma fonte de amor e fé.

Conhecedor da minha caminhada religiosa, um amigo convidou minha família e eu para conhecer sua paróquia e participar de uma celebração que, ele afirmou, nos surpreenderia por seu dinamismo. Aceitei, curioso.

No dia combinado, chegamos bem antes do horário marcado e nos acomodamos logo nas primeiras fileiras. Pouco antes do início da cerimônia, percebi com estranheza que não havia mais lugares disponíveis nos bancos e que as pessoas se espremiam em pé pelos cantos do imenso templo, ansiosas por participarem daquele momento que prometia ser especial.

Perguntei à senhora que estava sentada ao meu lado quem seria o celebrante. Ela respondeu com um sorriso largo que seria o "Padre Chico".

A missa começou. Viam-se pessoas de todas as idades cantando e agitando os braços ao som de uma música animada e envolvente.

O padre foi se aproximando do altar. Avançava pela igreja e cumprimentava os paroquianos próximos ao corredor, distribuindo apertos de mão e saudações calorosas, aparentando conhecer cada um dos que cumprimentava. Calculei que aquele homem robusto, de aparência decidida e carismática, devia ter pouco mais de 30 anos, transparecendo em seus olhos a firmeza de uma rocha.

Durante a celebração, ele empolgou a plateia, que permanecia atenta à sua voz grave, firme e clara, ecoando como um trovão nas imensas paredes que os rodeavam. Após ler a passagem do Evangelho daquele dia, expôs as dores e dificuldades do povo da época de Jesus, traçando comparações criativas com os nossos dias, algumas até hilárias, arrancando gargalhadas de todos os presentes.

Mostrou para a assembleia que, apesar dos milhares de anos que nos separam, sofremos dos mesmos problemas que aquele povo padeceu. A falta de fé, pobreza, preconceito, violência, desesperança, desamor, corrupção e injustiça continuam imperando hoje assim como antigamente. A causa de tudo isso? A humanidade continua a mesma, com suas fraquezas e seus valores distorcidos.

A voz firme e sem rodeios intimou todos a agirem como cristãos e não a apenas falarem como homens de Deus, pois "as palavras passam, enquanto os testemunhos arrastam".

Foi categórico falando da importância de deixar de lado a hipocrisia e abraçarmos Cristo sem medidas, o Cristo que vive naquele que perambula pelas ruas à procura de comida, consolo e dignidade, arrasado pelas drogas e com frio, sem casa e sem emprego; o Cristo que vive nos que estão dentro de nosso próprio lar, sofrendo pela falta de diálogo, perdão e amor nas famílias.

Ao final da homilia, eu, que desde muito jovem já tinha lido e ouvido várias vezes essas mesmas passagens da Bíblia, vi as reflexões de padre Chico transformando-as perante meus olhos.

Entendi que o fato de cada um de nós viver uma realidade distinta a cada dia, com dificuldades e conquistas peculiares, faz diferença na reflexão da leitura bíblica. Então, cada vez que lemos ou ouvimos o Evangelho, a mensagem de Deus toca nossos corações de forma distinta, porque naquele momento Ele está falando diretamente conosco. Esse é o motivo de dizermos que a Bíblia é a "Palavra Viva", que se renova e ultrapassa o limite do tempo.

A sabedoria está em ouvirmos o Evangelho com o coração e não com os ouvidos, esforçando-nos pata refletir sobre o caminho sinalizado por Ele, de modo que possamos seguir e conquistar paz e amor em nossas existências.

Enfatizo a palavra "conquistar", pois somos responsáveis pela nossa própria felicidade. Deus participa como um Pai no real sentido da palavra. Ele nos presenteia com oportunidades de escolha e orientações sobre o caminho, mas nos deixa livres para pensar e agir segundo nosso livre-arbítrio.

As palavras de padre Chico eram fáceis de entender, por isso saímos da igreja empolgados com o que havíamos escutado. Comentamos sobre sua habilidade de traduzir mensagens profundas em palavras simples e acessíveis, aplicáveis a várias situações da vida: na escola dos meus filhos, em nossa casa, nas instituições de caridade onde somos voluntários, no hospital, no trabalho. Em todo lugar era possível identificar ao menos um Jesus abandonado, precisando de uma mão estendida.

Daquele dia em diante comecei a acompanhar as missas de padre Chico sempre que podia e coloquei-me à disposição da comunidade como voluntário. Essa aproximação permitiu que nos conhecêssemos e conversássemos inúmeras vezes. O tempo selou uma grande amizade entre dois homens que partilhavam da mesma fé.

Os meses foram passando e meu olho clínico percebeu que o padre começou a demonstrar cansaço constante e emagrecer a olhos vistos. Preocupado, recomendei que procurasse um médico para identificar o que estava acontecendo. Ele não estava bem.

Após inúmeros exames, foi constatado que ele sofria de um tipo de câncer raro e agressivo, necessitando o quanto antes de cirurgia, com posteriores sessões de quimioterapia e radioterapia.

Como padre Chico possuía amigos oncologistas em São Paulo, optou por realizar o tratamento lá, e por isso ficou afastado da cidade por algum tempo.

Quando retornou, após alguns meses, sua imagem antes robusta havia sido substituída pela de um homem magro, careca e pálido. No entanto, sua oratória permanecia afiada.

Durante as missas, transfigurava-se e sua voz ecoava novamente por toda a igreja, trazendo esperança a todos de que estaria se curando.

Infelizmente, as coisas não correram tão bem como gostaríamos. Alguns meses depois, além de fisicamente enfraquecido, padre Chico começou a apresentar dores de cabeça muito intensas que o motivaram a antecipar seu retorno ao consultório de seu médico.

Mas não houve tempo. Padre Chico sofreu um acidente vascular cerebral (AVC), também chamado de derrame cerebral. O rompimento de uma artéria do cérebro causara uma hemorragia extensa, danificando a região cerebral responsável pelos movimentos do corpo. Pode-se comparar o AVC a um grande vazamento de água em uma casa, inundando cômodos fundamentais para o funcionamento adequado da residência. Com a infiltração, o piso, as paredes e alguns móveis poderiam ficar irrecuperáveis; no caso do cérebro, haveria prejuízo nas funções básicas para a sobrevivência do paciente.

Quando fui visitá-lo pela primeira vez, observei que ele perdera ainda mais peso e apresentava sequelas graves, permanecendo imóvel, inconsciente e respirando com a ajuda de aparelhos.

A equipe médica fazia tudo o que era possível por padre Chico, mas o risco de morte iminente apenas aumentava.

Sofri em silêncio. Vê-lo ali, naquele estado quase vegetativo, doía fundo no meu coração. Aquele homem deitado na cama em nada se parecia com a rocha que ele um dia aparentara ser. Eu estava com saudades de seus conselhos, do seu sorriso e de seus puxões de orelha, agindo ora como amigo, ora como pai.

Os momentos de tristeza são responsáveis por nos trazerem lições que carregamos pela vida toda. Ficou claro para mim que, apesar da aparência frágil e doente, o homem que padre Chico fora ainda permanecia ali. Sua imobilidade era apenas um detalhe perto da essência daquele ser humano admirável. Era como se toda a sua humanidade estivesse trancafiada dentro de um corpo que não mais funcionava e cuja única chave chamava-se fé. A ciência do homem não tinha mais recursos capazes de curá-lo.

A comunidade também se comoveu. Surgiram várias correntes de orações em toda a cidade, intercedendo junto aos céus em seu favor. Todas as pessoas que aquele homem havia cativado durante anos de sacerdócio agora oravam com fervor e pediam a Deus por sua recuperação.

Os dias foram passando e, aos poucos, pequenos sinais de melhora iluminaram sua face como raios de sol. Primeiro abriu os olhos, depois passou a respirar espontaneamente e, dentro de alguns dias, foi capaz de balbuciar sons desconexos. Os movimentos dos braços foram voltando aos poucos, apesar de ser evidente que inúmeras sequelas seriam irreversíveis.

Ao final de cada missa, um paroquiano dirigia-se ao microfone enquanto todos ouviam em silêncio o relato dos avanços na recuperação do padre. Cada pequeno sinal de melhora alavancava a fé da comunidade que continuou a orar por sua saúde.

Hoje padre Chico é mais um exemplo do poder da fé e principalmente do amor que Deus tem por cada um de seus filhos.

Ele não se recuperou totalmente, mas entende tudo o que lhe dizemos e consegue se expressar, ainda que com dificuldade, entre gestos, expressões faciais e algumas palavras mal articuladas. Não perde um evento sequer de sua igreja, sendo sempre recebido com muita alegria pela comunidade. Além disso, acompanha e celebra missas semanais ao lado de seu amigo padre Tiago, que, após a doença, tornou-se um anjo em sua vida.

Padre Chico já não corre risco de morte. Costumo visitá-lo em sua casa e não posso negar o desejo de vê-lo novamente em ação, inspirando as pessoas da mesma forma como fez comigo e com minha família. O homem que um dia ele foi ainda permanece vivo em algum lugar por trás daqueles olhos castanhos.

Acredito ter aprendido muito com as mensagens de suas pregações, mas entendo que hoje aprendo ainda mais ao vê-lo demonstrar tamanha vontade de viver, confiança e coragem. Suas palavras gritam ao meu coração: "O que me move é a fé que tenho. Eu não entendo o porquê de estar vivendo este momento em minha vida, mas pela fé eu o vivo, eu tento, eu recomeço, pois ela me torna um gigante capaz de mover montanhas."

Seus olhos e seu testemunho de vida falam muito mais alto do que as palavras que um dia proferiu. Ele continua a afirmar que o Pai sempre está e estará ao seu lado e que, mesmo doente, vive um momento de Graça em sua existência. Prova disso é a força de sua fé e a manifestação de Deus através de seu olhar sorridente.

> *"Em verdade vos digo: se tiverdes fé como um grão de mostarda, direis a esta montanha: Transporta-te daqui para lá, e ela irá; e nada vos será impossível."*
>
> (Mateus 17:20)

Amar sem limites

"Abra o seu coração, deixe o amor de Deus entrar.
Ele pode e vai curar. Um milagre Ele fará na sua vida."
(Fábio Augusto, "Abra o seu coração")

Foram treze anos intermináveis de formação entre faculdades, hospitais, residências em cirurgia geral, cirurgia vascular e cirurgia endovascular, áreas que escolhi para dedicar o resto da minha vida.

Desde muito cedo entendi que, para um médico, receber o diploma não significa finalizar os estudos. Para mim isso nunca foi um problema, pois ler é um hábito que cultivo desde muito jovem. Assim, ao entrar no curso de medicina apenas alarguei meus horizontes, mesclando a leitura de obras poéticas e filosóficas às leituras técnicas exigidas pela faculdade.

Na medicina, devido à responsabilidade de ter outras vidas em nossas mãos, precisamos nos atualizar constantemente sobre as inovações tecnológicas nos diagnósticos e tratamentos. Isto é, temos o compromisso de oferecer ao paciente o melhor que a ciência dispõe em recursos para resolver seu problema. Ao escolher essa profissão, selei um relacionamento sólido e duradouro com os livros, fazendo deles meus melhores amigos.

Como cristão, tenho também um livro amigo e conselheiro que consulto diariamente, norteando meus passos como médico e como ser humano: a Bíblia.

Faço um parêntese aqui: nem sempre foi assim. O exemplo de fé da minha esposa e, posteriormente, meu trabalho voluntário na Fazenda da Esperança foram responsáveis por incluir em minha rotina a leitura diária da "Palavra de Vida".

Esse hábito mudou meu estilo de vida, pois graças a esses momentos de meditação hoje consigo domar meu temperamento impetuoso (herdado de minhas raízes espanholas), trazendo mais paz às minhas escolhas e atitudes.

Como já mencionei antes, ser um médico cristão é um desafio. Explico: em alguns livros de medicina, a vida é tratada de uma forma reducionista, prevalecendo abordagens fisiológicas em detrimento de aspectos sociais, psicológicos e outras análises que, mesmo quando mencionadas, são relegadas a um segundo plano.

No entanto, na prática diária, o médico cristão não pode olhar apenas em uma direção. Não é certo enxergar o ser humano como um amontoado de carne dentro de um contexto social, fechando os olhos para o respeito à sua dignidade e seu o direito à vida, desde a concepção até a morte. Esta é uma de suas responsabilidades: a defesa da vida em todas as instâncias.

Ser médico não é fácil, e no meu caso não foi diferente. Abraçar essa profissão significou escolher a dualidade de uma vida repleta de sentimentos intensos: alternando alegrias exultantes e tristezas profundas.

Os momentos de satisfação acontecem quando vemos o sorriso iluminando semblantes antes tomados pela preocupação e pelo sofrimento. É uma grande alegria acolher, ouvir, entender, aprender e partilhar com o outro as luzes do viver.

Por outro lado, escolher ser médico também significou abdicar de momentos junto à família, aceitar a cruz e o sofrimento das longas noites de plantão e viver dias de muita tristeza quando o paciente não responde bem ao tratamento.

Em todos esses anos aprendi que a medicina não é soberana e que tudo o que podemos fazer é oferecer o melhor de nós tanto no aspecto técnico quanto no humano, para que então "seja feita a Sua vontade, assim na Terra como no Céu".

Quando eu era recém-formado, confesso que tinha dificuldade de aceitar os desígnios do Pai. Comportava-me de maneira infantil quando a vontade Dele não era a mesma que a minha, sem entender como um Deus que nos ama permite tanto sofrimento.

Foi necessário tempo e amadurecimento para compreender que os caminhos do Pai são pautados pelas leis do amor e que, por isso, todos os desafios são oportunidades de vencermos limitações e medos e de aprendermos a "lutar o bom combate". No fundo, somos sempre vencedores, pois mesmo quando nos sentimos derrotados acabamos nos fortalecendo e crescendo na fé.

Pensando assim, não é possível pensarmos em acaso, castigo ou negligência divina. Os obstáculos no nosso caminho são frutos do cuidado de Deus para conosco. São instrumentos e oportunidades de vivermos em paz e gozarmos a felicidade plena, exercendo o livre-arbítrio e esperando que a consciência cristã nos guie pelas estradas tortuosas do dia a dia.

Lembro-me como se fosse ontem. Pouco depois de me mudar para a cidade onde moro atualmente, em um dia de trabalho como outro qualquer, deparei-me com uma das mais tocantes histórias que tive a oportunidade de presenciar. Esse episódio deixou marcas profundas em minha vida e reafirmou minha trajetória como médico cristão.

Clara e seu marido chegaram ao meu consultório em um final de tarde. Ela tinha 35 anos e estava grávida pela terceira vez, carregando no ventre uma menina de 25 semanas de gestação. Ele, Mário, aparentava ter a mesma idade da esposa. Muito sério, manteve-se em silêncio durante a maior parte da consulta, mal escondendo a preocupação que o consumia por dentro.

Muito nervosa, Clara explicou que me procurou por indicação de seu ginecologista depois que apareceu em sua perna esquerda um inchaço acentuado que se estendia até a raiz da coxa. Além disso, apareceram pequenas varizes não dolorosas em ambas as pernas.

Tranquilizei-a, explicando que varizes de pequeno calibre são comuns na gravidez em função das alterações hormonais. No entanto, o edema em apenas uma das pernas merecia atenção.

Perguntei a Clara se nas gestações anteriores ou em sua família havia ocorrido algum episódio semelhante, o que ela negou. Aparentemente, ela estava saudável e não usava medicamentos para doenças crônicas de nenhuma natureza. Tudo corria bem no pré-natal e ela estava feliz, mas esse sentimento estava sendo substituído pela apreensão.

No exame clínico, o quadro sugeria trombose venosa profunda. Realizamos um ultrassom de urgência e o resultado confirmou minha primeira hipótese: dentro das veias da perna esquerda de Clara formaram-se, por um motivo que merecia investigação, vários coágulos que estavam obstruindo o fluxo do sangue.

Devido à grande extensão dos coágulos e à gravidez em curso, optei imediatamente pela internação e tratamento. O mais indicado para o caso de trombose é o uso de anticoagulantes, que evita a propagação dos trombos para outras partes do corpo, como os pulmões, o que poderia ocasionar uma embolia pulmonar com sérios riscos de morte para a mãe e o bebê.

Ao receber a notícia, Clara chorou muito abraçada ao marido, preocupada com a possibilidade de o medicamento prejudicar sua gestação. Tentei acalmá-la, explicando que o repouso absoluto e a medicação diminuiriam bastante os riscos de complicação da trombose, não interferindo em nada na gravidez. Nesse momento, essa era a melhor opção.

Ela se internou no mesmo dia e parecia se sentir mais segura no hospital. Eu via em seus olhos, por um lado, a expectativa e o medo do desconhecido e, por outro, a confiança que depositava em mim como seu médico. Telefonei para o médico que a acompanhava, colocando-o a par do tratamento e da internação e solicitando o monitoramento da gravidez da jovem. Concordamos em pedir exames complementares que eu considerava fundamentais para a elucidação das causas da trombose de Clara.

Após alguns dias de exames específicos, os laudos chegaram e revelaram um diagnóstico nada agradável: ela estava com câncer de mama, aparentemente ainda sem disseminação.

Foi um grande choque para a família. Clara chorava tanto que mal ouvia o que eu dizia. Depois que ela e o marido se acalmaram, expliquei que o câncer poderia justificar as alterações na coagulação sanguínea. Essa era uma das causas primárias de trombose, que pode ocorrer em qualquer parte do corpo, em especial nas pernas.

Em meio a muitas lágrimas e grande sofrimento, sugeri que entrássemos em contato urgentemente com um médico oncologista para avaliar o caso e propor alternativas terapêuticas para aquela situação tão especial. Antes de sair do quarto, sugeri que o casal orasse pela intervenção do Pai, por Sua misericórdia divina, pela saúde do bebê e da mãe, e pela paz da família. Os dias seguintes seriam decisivos para todos e, por isso, eles precisariam de uma boa dose de coragem, sabedoria e discernimento. Saí do hospital já tarde da noite, preocupado e apreensivo.

No dia seguinte, após analisar o prontuário de Clara e examiná-la detalhadamente, o oncologista nos informou que a conduta correta naquele caso seria a retirada imediata da mama direita e a associação de quimioterapia e radioterapia para evitar que o câncer se disseminasse.

Nascia ali um impasse gigantesco. O tratamento do tumor maligno poderia prejudicar a gravidez e afetar a criança, gerando efeitos colaterais e possíveis anomalias, se não a morte do bebê. Era necessário optar pela vida de Clara ou a do feto, que, indiferente ao que ocorria fora do ventre da mãe, encontrava-se em saudável desenvolvimento, caminhando para o sétimo mês de gestação.

Se a descoberta de uma trombose havia sido um choque para a família, imagine a constatação de um câncer. O desespero tomou conta do casal. Choravam muito abraçados um ao outro, enquanto eu, em silêncio, respeitava o medo e a dor que sentiam e orava pela intervenção do Espírito Santo, para que nos iluminasse naquele momento de trevas e decisões.

Com os ânimos mais calmos e após muitos lamentos e desabafos, sugeri que não resolvessem nada com a cabeça quente. Pedi que descansassem um pouco, pensassem com calma e refletissem juntos sobre a situação, para só depois tomarem uma decisão. No dia seguinte pela manhã eu e o obstetra estaríamos ali para ouvi-los.

Confesso que não consegui dormir naquela noite. Eu tinha dois filhos pequenos e não conseguia conceber minha vida sem a presença deles. Vencido pelo cansaço, no meio da madrugada acabei cochilando em meio a reflexões e orações.

Parti logo cedo para o hospital, imaginando o que aquela família teria decidido.

Cheguei antes do meu colega ginecologista e, ao abrir a porta do quarto, meu sangue gelou ao ver Clara e seu marido acompanhados dos filhos, dois meninos, de 9 e 12 anos. Com os olhos marejados e fundos denunciando que passara a noite em claro, ela me disse com serenidade: "Doutor, eu e minha família decidimos que não vou fazer a cirurgia de remoção do câncer, muito menos a quimioterapia e a radioterapia. O que preciso agora é que o senhor e os outros médicos entendam o meu clamor de mãe. Não posso e não vou fazer um aborto. Quero levar minha gestação até o fim. Tudo o que mais quero é trazer minha bebê com saúde para este mundo. Depois que ela nascer, aí sim me submeterei ao tratamento do tumor. Nunca me perdoaria por priorizar a minha vida em detrimento da de outra pessoa, ainda mais sendo minha filha querida, tão sonhada e desejada por todos nós, fruto do nosso amor."

Minha primeira reação foi achar aquela atitude muito nobre e cristã; no entanto, eu tinha ressalvas sobre o desfecho daquela história. Como médico, minha preocupação era que Clara não conseguisse chegar até o fim da gestação e que sua decisão definisse o futuro da mãe e do bebê. Porém, como contestar essa manifestação de paz interior, amor e fé naquela família à espera de um milagre?

Não se deve duvidar do poder da fé. Aprendi que em situações extremas somos capazes de superar limites e realizar feitos inexplicáveis pela ciência humana. Entretanto, como deixar de inquietar-me frente à possibilidade de uma decisão equivocada colocar em risco a vida e a saúde de duas pessoas?

A fé e a razão, quando caminham unidas, são partidárias do senso comum que tem por princípio o bem. Nesse caso, a fé e o amor incondicional de mãe, assim como a compreensão racional dos fatos, não interferiam no discernimento sobre qual a melhor atitude a ser tomada.

Clara tinha consciência da necessidade urgente de tratar o câncer, uma vez que a criança precisaria de sua presença e de seus cuidados depois do parto. No entanto, seu instinto de mãe também falava alto, pois ela sabia que o tratamento poderia trazer sérios riscos para o bebê. Dava para ver em seu rosto as dúvidas e os conflitos que inundavam o seu coração.

Diante daquela cena tocante, lembrei-me de minha esposa e dos momentos de angústia pelos quais passamos em nossa primeira gravidez, quando também precisamos escolher entre a vida e a morte. Como minha esposa possui hipotireoidismo, deficiência da glândula tireoide em produzir hormônios necessários ao bom funcionamento do organismo, seu médico aconselhou que ela realizasse um mapeamento deste órgão por meio da cintilografia. Abro um parêntese para explicar que esse exame exige a ingestão de iodo radioativo, substância com alto poder mutagênico, potencialmente causadora de malformações congênitas no feto, caso a paciente esteja grávida na ocasião do teste.

O detalhe é que a cintilografia foi realizada quatro semanas antes de descobrirmos a gravidez. Ou seja, quando ela fez o exame já estava com aproximadamente 14 dias de gestação, sem que soubéssemos disso.

O desespero tomou conta de nossos dias. Estávamos assustados e com medo. Éramos jovens sem experiência, cheios de sonhos, e corríamos o risco de ver nossa primeira filha nascer surda, cega, com deficiência mental ou tantas outras malformações congênitas que poderiam, inclusive, não permitir que ela sobrevivesse após o parto.

Na época, eu, médico recém-formado e marido, entrei em desespero. Eu sofria pelo drama que enfrentávamos e por não poder deixar transparecer minha dor, pois minha esposa, desconsolada, só sabia chorar.

Dividimos o problema com nossos pais, que nos orientaram a manter a calma, procurar um especialista no assunto e não tomar decisões ou atitudes precipitadas.

O primeiro impulso foi conversar com o obstetra de minha esposa. Ele foi sereno e carinhoso, mas foi honesto com relação aos riscos reais que o bebê corria. Mencionou a existência de alguns exames intrauterinos que avaliavam a saúde do feto. No entanto, alertou que esses exames, por serem invasivos, também representariam risco ao bebê.

Saímos de lá com incerteza no coração. Sugeri que procurássemos dois outros especialistas, com a esperança de ouvir opiniões diferentes. Assim o fizemos, porém eles pouco acrescentaram ao que ouvimos inicialmente.

Dependeria apenas de nossa decisão: levar a gestação adiante rezando para que tudo corresse bem ou provocar um aborto terapêutico com a finalidade de evitar o sofrimento do feto e da mãe.

Foi nesse momento que minha esposa me surpreendeu com a força e a coragem que só as mulheres possuem – uma graça de quem nasceu para ser mãe e amar sem medidas. Ela respirou fundo, enxugou as lágrimas e olhou no fundo dos meus olhos. Nunca esquecerei de suas palavras, pois marcaram nossas vidas para sempre: "Eu já tomei a minha decisão.

Sou uma mulher de fé, filha de Deus, e carrego dentro de mim o milagre da vida. Acredito no sagrado, no poder divino capaz de manifestar-se no impossível. Para mim, o amor independe da saúde ou doença, e eu já amo profunda e incondicionalmente esse pequeno ser que se desenvolve em meu ventre. Não posso atentar contra a vida em nenhuma instância, por isso lutarei até o fim pelo seu direito de nascer."

Eu já a amava, mas, naquele momento, reafirmei em meu íntimo o amor que eu sentia por ela. Dei-lhe um beijo demorado, um abraço apertado e disse que superaríamos aquilo juntos. Ela apenas traduzira em palavras o que minha vontade gritava dentro de mim.

Nas semanas e meses que se sucederam, sentia que caminhávamos sobre um campo minado, pois o medo rondava os nossos pensamentos. Por indicação médica, passamos a realizar ultrassonografias semanalmente, pois seria fundamental para acompanharmos o desenvolvimento fetal e para avivar a esperança de que tudo terminaria bem.

Ao final da gestação, estávamos felizes e mais tranquilos. Até que tivemos uma nova surpresa: quando o feto completou 28 semanas, surgiram os primeiros sinais de um possível parto prematuro. O médico recomendou que, a partir daquele dia, minha esposa fizesse repouso absoluto. Apreensão e cuidados intensivos se juntaram ao rol de preocupações que já tínhamos.

Quatro semanas antes da data provável do parto, fui avisado de que a bolsa amniótica havia estourado e que meus sogros estavam levando minha esposa para a maternidade.

Meu coração saiu pela boca e meu estômago queimou como fogo. Eu estava a 500 quilômetros de distância, estudando e trabalhando em minha especialização, imaginando que o parto aconteceria dali a algumas semanas.

Sem pensar, parti imediatamente ao seu encontro, vencendo em poucas horas os muitos quilômetros que nos separavam. Por fim, consegui chegar a tempo para a cesárea, pois a dilatação não foi suficiente para o parto normal.

Eu acompanhei a cirurgia apreensivo. Quando retiraram minha filha e eu a vi chorando, respirando espontaneamente, respondendo a todos os estímulos e sem nenhuma deformidade aparente, choramos juntos, eu e minha esposa, de alegria e alívio, ignorando a plateia de médicos e enfermeiras. Meu sogro, que é pediatra, fez questão de examinar pessoalmente o bebê no berçário. Entre lágrimas, ele não continha a emoção ao contar todos os dedinhos dos pés e das mãos.

Então eu lhe pergunto, leitor: como discordar da resolução de Clara, ignorando sua fé, coragem e valentia, depois de tudo o que eu vivenciara ao lado de minha esposa?

Não acredito em acaso e muito menos em coincidências. Nosso encontro como médico e paciente era providencial e, por isso, tomei minha decisão.

Conversei com os outros médicos envolvidos no caso e, após discutirmos os prós e os contras, concordamos em tratar a paciente da melhor forma possível, respeitando os limites de sua decisão. No entanto, era necessário que Clara assinasse um documento declarando estar ciente da indicação médica da cirurgia para a retirada do seio e da necessidade de quimioterapia e radioterapia. Ela também precisou registrar seus motivos para não fazer o tratamento naquele momento.

Aliviado e com a consciência tranquila, no final do dia fui até a igreja, me ajoelhei e orei pedindo proteção e saúde para aquela família que se encontrava frágil e indefesa perante a sombra da doença e da morte, porém forte e fiel perante Deus.

O tempo foi passando e lapidando nossa afeição, e o zelo criou laços que me uniram àquele casal. Apesar da preocupação de todos, não deixávamos de alimentar a esperança.

O tempo passou e a gestação cumpriu o período determinado pela natureza. Vitória nasceu sadia, cercada por seus pais e irmãos, que, sorridentes, viam sua família finalmente completa.

Quinze dias após o parto, Clara começou o tratamento contra o câncer, realizando a cirurgia e iniciando as sessões de quimioterapia, motivo pelo qual teve que abrir mão da amamentação. Porém, como Deus é bom e justo, conseguimos uma "mãe de leite" para contornar a situação, o que permitiu que a criança crescesse feliz, saudável e cheia de vida, cercada pelos carinhos e cuidados da mãe.

Cinco anos depois, Clara foi até meu consultório levando, orgulhosa, a pequena Vitória. Enquanto a criança curiosa mexia nos objetos coloridos em cima da minha mesa, conversamos bastante. No meio de tantas lembranças, ela me disse carinhosamente: "Doutor, serei grata a você pelo resto da vida por ter acolhido minha súplica e não ter insistido na interrupção da gravidez. Sei que o senhor estudou para fazer o que é certo para curar seus pacientes e que sofreu muito com a minha escolha. Mas hoje, quando olho para trás e vejo tudo o que aconteceu, tenho uma certeza: Deus cruzou nossos caminhos na hora certa, para que juntos pudéssemos experimentar o Seu poder, ao qual muitas vezes não damos o devido valor."

Por um instante fiquei mudo. Aquelas palavras inesperadas me tocaram fundo e eu pude perceber como o Criador é perfeito em todas as suas decisões. Meio sem jeito, agradeci a confiança e falei que para mim também havia sido um momento de aprendizado e de prova de fé. Depois que nos despedimos, fiquei parado ali, na porta da sala, observando mãe e filha deixarem meu consultório.

Com essa história aprendi que a fé não se prova com palavras, mas com gestos e atitudes. Ela nos move sempre para a frente, por caminhos misteriosos que muitas vezes não entendemos de imediato. No entanto, mais adiante acabamos comprovando que fizemos a escolha certa.

Em certos momentos, Deus nos pede coragem e atitude de entrega. Pede que nos deixemos levar pela força maior que nos guia e nunca nos abandona. Para atender a este chamado, é preciso silenciar a alma e tapar os olhos e ouvidos para o mundo, a fim de perceber Seus sinais e ouvir Sua voz sussurrando em nosso coração.

Abandonar-nos como crianças no colo do Pai quando gostamos tanto de ter o controle de tudo é desafiador, mas vale a pena. Vale muito a pena! Afinal, Deus é sempre fiel com aqueles que seguem a Sua palavra.

"Por ti tenho sido sustentado desde o ventre;
tu és aquele que me tiraste das entranhas
de minha mãe;
o meu louvor será para ti constantemente."
(Salmos 71:6)

A dor do esquecimento

"Esqueça o que já passou, não condene o seu coração.
Veja quanta falta você faz aqui.
Não é hora de voltar no tempo...
Acredite, sua vida tem valor..."
(Fábio Augusto, "Esqueça o que já passou")

Muitas coisas extraordinárias nos cercam sem nos darmos conta do seu valor inestimável e do milagre que representam em nossa vida.

Trago na memória os meus tempos de menino, quando volta e meia ouvia minha mãe repetindo que a felicidade não está nas coisas que possuímos, mas na saúde de que desfrutamos, nas pessoas que amamos e nas lições que aprendemos. Sempre ouvi atentamente tudo o que ela me dizia, sem imaginar que anos mais tarde suas palavras ainda ecoariam em meu coração e mostrariam quão verdadeira era a sabedoria escondida atrás de tanta simplicidade.

Como médico, partilho de diversos episódios da vida dos meus pacientes, em geral situações difíceis em que doenças ou acidentes acontecem inesperadamente e muitas vezes limitam sua capacidade física, abalando também sua estrutura emocional e espiritual.

Muitas pessoas, por sempre gozarem de saúde perfeita, pouco atentam para o avanço silencioso do tempo, uma viagem sem volta, em que o corpo envelhece e os excessos nos adoecem.

Eis um erro grosseiro, típico da imaturidade da juventude: não vislumbrar o final da jornada, acreditando que somos imortais e que a doença ou qualquer mal passará direto pela nossa porta sem entrar pela soleira de nossas vidas.

Atendo muitas pessoas em meu consultório, algumas buscando retardar a ação do tempo, outras tentando reverter as consequências das escolhas do passado, e ainda outras simplesmente querendo recuperar sua qualidade de vida, pois viver mais e melhor é desejo comum a todos. Nesses casos, é com pesar que escuto coisas como: "Se eu tivesse sido mais cuidadoso com a minha saúde...", "Se eu tivesse prestado mais atenção ao que me diziam...", "Se eu tivesse errado um pouco menos...", "Se eu...".

Mas o que mais me corta o coração é ver pessoas que sempre foram saudáveis, ativas, afetivas, inteligentes e perspicazes terem seu mundo lentamente invadido pela senilidade e pela demência.

Esquecer os momentos de tristeza pode até ser um alívio para alguns nos últimos estágios de vida na Terra.

Sem pedir licença, a demência entra e desarruma a casa cerebral, mexe nas gavetas e nos arquivos, deleta informações e lembranças preciosas da existência. Troca de lugar o armário das palavras, que se perdem em meio à construção das frases e ao verdadeiro sentido que desejam expressar. É uma grande injustiça quando essa dolorosa situação torna os idosos motivo de estorvo ou alvo de piadas.

Ao atender pacientes já idosos, é comum constatar que, para eles, o passado não reconhece o seu lugar... está sempre presente em suas falas, nas lembranças de pessoas queridas e de momentos especiais que viveram. No entanto, quando a demência se enraíza, até mesmo esses tesouros da memória vão se dissolvendo na mesma velocidade com que a doença avança. E então as pessoas se tornam sozinhas em si mesmas, cortando seus laços com o mundo, despedindo-se da realidade, até se sentirem reduzidas ao espaço que ocupam.

Mas não nos enganemos: mesmo nos momentos de alienação, elas continuam vivas, pois o que conquistaram ao longo da vida – seus amores, filhos, amigos e gestos de solidariedade – permanecerão sempre na memória dos que as amam.

A agenda do consultório anunciava que o dia seria cheio. O acúmulo de trabalho nunca foi um fardo para mim, então com calma e tranquilidade fui atendendo caso a caso, alguns já pacientes antigos e conhecidos e, outros, novos.

No meio da tarde fui surpreendido pela chegada de uma nova paciente. Ao chamar seu nome, vi uma senhora de 75 anos se aproximar com passos lentos e o olhar um tanto vago, observando tudo e ao mesmo tempo nada, exibindo nos lábios um leve sorriso. Cumprimentei-a, mas ela permaneceu imóvel e impassível, fato que imediatamente aguçou meus sentidos. Algo estava errado.

Dona Noemi entrou na sala amparada por sua filha Sônia e logo se sentou, ainda em silêncio. Com um semblante triste, Sônia contou-me que a mãe vinha se queixando de dores frequentes nas pernas. Acrescentou que, no passado, ela já havia sido submetida a duas cirurgias de varizes, mas que as dores perduraram e se agravaram com o passar dos anos.

Ouvi atento todos os pormenores que a filha me contava até que, intrigado, dirigi uma pergunta diretamente a dona

Noemi, que até então seguia calada. Desconfiei que esse comportamento infelizmente fosse sinal de uma doença já velha conhecida minha.

Com a voz fraca, a fala lenta e cheia de pausas, a senhora tentou me explicar o que a incomodava, perdendo-se várias vezes em frases inacabadas, confundindo acontecimentos, datas e nomes, enquanto eu aguardava que finalizasse seu relato.

De repente ela pareceu se dar conta de sua dificuldade em exprimir o que queria dizer e perturbou-se com sua confusão, tornando-se nervosa, agitada e um tanto agressiva.

Notando a alteração dos ânimos, tentei acalmá-la. Logo a seguir, sua filha me interrompeu e, com a voz embargada, confirmou minhas suspeitas: dona Noemi sofria com a doença de Alzheimer e sua memória estava cada vez mais dando sinais de falência.

Compreendi então o olhar triste e a aflição daquela filha ao assistir, impotente, à doença da mãe avançando.

Tentei novamente conversar com dona Noemi, desta vez com mais tato, buscando explorar suas lembranças, perguntando sobre seus tempos de infância e juventude, para que assim se acalmasse e depositasse em mim um pouco mais de confiança.

Como era de esperar, a mudança de humor foi imediata. Dona Noemi agora ria faceira e interessada na conversa, respondendo com lógica, embora seus relatos ainda permanecessem repetidos e um pouco confusos. Parecia que uma chama se acendera dentro dela, que se conectara novamente à realidade e que suas ideias ditavam a dança das palavras do nosso diálogo, que, apesar dos pesares, tornou-se compreensível e agradável.

Após uma hora de consulta passada entre exames físicos, histórias e boas risadas, orientei-as quanto ao tratamento clínico das varizes e finalmente nos despedimos. Sua filha, no entanto, demorou-se um pouco mais e, emocionada, confidenciou-me que havia tempo não via sua mãe tão feliz e à vontade, ainda mais com um desconhecido. Era como se naquela hora ela houvesse reencontrado a mãe, já que ela parecia ter-se esquecido de quem fora um dia.

Esclareci que seria necessária muita paciência, pois era essa a evolução da doença, e que era indispensável seguir rigorosamente as orientações do geriatra e do neurologista que já estavam tratando dela. Olhando em seus olhos, enfatizei que, acontecesse o que acontecesse, sempre se lembrasse de quem era aquela senhora cheia de rugas vivendo no mundo da lua e o que ela representava em sua vida. Naquele momento, a disponibilidade, o carinho e o apoio incondicional seriam a maior prova de amor que uma filha poderia oferecer à sua mãe.

Nos vários encontros que aconteceram durante o tratamento das varizes eu notava que, apesar dos medicamentos receitados pelo neurologista, a memória de dona Noemi estava piorando a cada dia. Isso porque, infelizmente, a doença de Alzheimer é de natureza progressiva e a medicina ainda não conseguiu encontrar sua cura definitiva.

Com o decorrer do tempo, fui presenciando o sofrimento de Sônia aumentar. Sua mãe já não lembrava seu nome, o nome dos netos e nem reconhecia qualquer outro membro da família. Cada vez que nos reencontrávamos, eu a via mais cansada e sem forças para continuar sua luta contra a doença da mãe.

Sônia contou que dona Noemi trocava o dia pela noite, então era quase impossível descansar uma noite inteira. Por vezes, em plena madrugada acordava todos gritando muito brava, dizendo que já era dia, e que eles deveriam estar trabalhando.

A hora das refeições era sempre uma tortura: dona Noemi afirmava ter visto alguém colocando veneno em sua comida e se recusava terminantemente a se alimentar. Sua filha me confidenciou que, nessas ocasiões, guardava o prato de comida da mãe no forno e, mais tarde oferecia-o novamente, quando então dona Noemi, sem ter nenhuma lembrança do que havia acontecido mais cedo, finalmente comia.

Ela descobriu que a mãe entrava no banheiro e fingia tomar banho, quando na verdade ficava sentada em uma banqueta com o chuveiro ligado, com medo de se afogar caso entrasse debaixo d'água. Para evitar que a filha brigasse com ela, molhava os cabelos na pia, penteava-os caprichosamente e acreditava que jamais suspeitariam que ela não havia se lavado.

O portão da casa precisou ser trancado para evitar que dona Noemi saísse pelas ruas sem rumo, correndo o risco de ser atropelada, assaltada, violentada ou de se perder.

Houve ocasiões em que a mãe não se reconhecia ao olhar fotografias atuais, em que aparecia envelhecida. No entanto, quando via fotografias dos seus tempos de juventude, imediatamente se identificava: "Olha eu aqui!" Com o passar dos dias, no entanto, nem mesmo as imagens antigas lhe eram familiares. Tudo havia se apagado.

Diante de tantas dificuldades e limitações, a família viu como única alternativa contratar uma enfermeira em tempo integral, que auxiliasse a idosa nas atividades diárias, pois ninguém sabia mais como lidar com a situação. A doença já se encontrava em um estágio muito avançado, e aquela pobre senhora estava totalmente dependente, fragilizada e sem contato com a realidade.

A tristeza de todos era grande. Eu sentia que Sônia trazia a mãe para as consultas apenas para desabafar e ter alguém para ouvir seu drama, pois dona Noemi não se queixava de nada, muito menos das varizes que possuía.

No último retorno que fizeram ao meu consultório, eu disse a Sônia que, apesar da situação crítica e da sensação de impotência, o vazio da memória de sua mãe precisava ser constantemente preenchido com o carinho e a atenção de todos. A preocupação deveria ser com o respeito à sua dignidade, com seu conforto, segurança e cuidados em todos os níveis, para amenizar seu sofrimento.

A aparente alienação demonstrada por dona Noemi não poderia ser motivo para excluí-la do círculo familiar. Afinal, torná-la o mais ativa possível era uma forma de estímulo e inclusão e, por que não dizer, de amor.

Assim, afirmei que todos deveriam se esforçar para deixá-la presente no ambiente em que a família estivesse, que conversassem com ela, lessem histórias ou notícias em voz alta, massageassem seus pés; enfim, fizessem um carinho ou agrado em vez de simplesmente ignorá-la, imaginando que ela não entendia ou não percebia esses gestos de afeto.

Além disso, sugeri que não se esquecessem da espiritualidade de dona Noemi, que sempre fora muito religiosa. Aconselhei Sônia a orar com a mãe – e pela mãe – todos os dias, talvez até procurar um padre que pudesse acompanhá-la em casa, já que ela era católica praticante.

Eu disse também que todos deveriam ter o cuidado de não deixar crescer em seus corações a revolta com Deus pelo difícil estado de dona Noemi. Pelo contrário: deveriam buscar na fé a força para aceitar que a morte chega para todos, e que o que podemos fazer é somente viver o melhor possível cada dia que nos resta.

Enfim nos despedimos e terminei lembrando que tudo na vida é Graça Divina e que os momentos de provação poderiam ser vistos como oportunidades de amadurecimento e fortalecimento da fé de toda a família.

Ao final de mais um dia de trabalho, voltei para casa um pouco abatido. Conversei bastante com minha esposa e meus filhos. Como eles desejam seguir a mesma profissão que eu, falei sobre as dificuldades que o médico enfrenta no dia a dia, relatei como é difícil se colocar no lugar daqueles que nos procuram buscando uma solução para seus problemas e como é triste quando não temos como ajudá-los, como no caso daquela senhora. Embora, como seres humanos, sempre possamos fazer algo, pois há muitas formas de amar mais e melhor quem nos rodeia.

Conversamos longamente sobre o envelhecimento e a morte, que, apesar de ser vista por muitos como castigo, nada mais é do que uma etapa do ciclo natural da vida.

Enquanto me olhavam atentos, falei sobre o drama do Alzheimer, que atinge não apenas o paciente, mas também toda a família, e que nos faz ver alguém que amamos definhar lentamente e perder sua identidade devido à deterioração da memória.

Cedi ao impulso de ligar para minha mãe, mesmo sabendo que era tarde da noite e que ela dificilmente atenderia ao telefone.

Quando ouvi sua voz meio sonolenta, me emocionei. Precisava dizer a ela quanto a amava, quanto era importante em minha vida, e que, mesmo se algum dia ela se esquecesse disso, eu a amaria do mesmo jeito, se não mais.

Sem entender muito o motivo da ligação, ela apenas sorriu e agradeceu pelas palavras carinhosas.

Ao colocar o telefone no gancho, senti uma imensa saudade dos meus tempos de menino, quando eu me deitava em seu colo e ela passava os dedos carinhosamente pelos meus cabelos. Agradeci a Deus por ainda tê-la feliz e saudável ao meu lado.

São momentos como esses que quero recordar para o resto da vida, porque são os que realmente valem a pena ser lembrados.

Quanto a dona Noemi, eu ainda a acompanho eventualmente para avaliações de rotina e deixo-a bem à vontade para falar o que desejar ou mesmo para se fechar em seus pensamentos. Independentemente do avanço da doença, a dose certa de paciência ao ouvir seus relatos confusos combinada a pitadas de carinho e elogios temperam nossos saborosos encontros.

"Na minha velhice não me rejeiteis, ao declinar de minhas forças não me abandoneis."

(Salmos 71:9)

A difícil decisão

"Esteja pronto para enfrentar os desafios.
Sempre pronto para esvaziar seus medos.
Preencher com a coragem de amar...
Você que não se entrega à própria dor."
(Fábio Augusto, "Mova o seu amor")

Como médico, todos os dias enfrento situações em que a necessidade de decidir afeta diretamente a minha vida e a das pessoas que me cercam, sejam pacientes, amigos ou familiares. Decidir é andar sobre a tênue linha entre o certo e o errado, o bem e o mal, a vida e a morte. Muitas vezes o futuro está em jogo, por isso as escolhas precisam ser bem pensadas para que estejamos preparados para enfrentar as consequências.

Algumas pessoas temem os momentos de decisão porque sabem que eles têm seu preço, seja qual for o caminho escolhido. E é pensando assim que muita gente escolhe "não decidir", optando pela omissão. Mas não podemos nos enganar – a omissão também tem um impacto fulminante nos acontecimentos da vida.

Muitos têm em suas mãos o poder de escolher o bem e não o fazem, movidos pelo medo de errar ou de se comprometer. Ou seja, a omissão torna-se arma dos incompetentes e covardes e é capaz de ferir tanto quanto uma mentira.

Da mesma forma, a decisão desacompanhada de atitudes condizentes não vale nada. Aprendamos que todo momento de sucesso aconteceu porque alguém teve coragem, ousou e tomou uma decisão, fosse ela inovadora ou não. Quando isso ocorreu, essa pessoa certamente enfrentou obstáculos, mas teve sabedoria para mudar de estratégia sem perder de vista seu objetivo.

Os momentos em que nossos limites são testados são os que mais nos fortalecem. A grandeza do homem é proporcional aos seus valores e a seu caráter. Pensando bem, as decisões que tomamos não refletem o que fazemos, mas quem somos. E é essa coerência que clareia nossa mente e acalma nosso coração nas horas de conflito.

Os avanços tecnológicos e a evolução da pesquisa científica são grandes aliados dos médicos, pois os ajudam a encontrar alternativas de tratamentos menos dolorosos e com menores efeitos colaterais e, em alguns casos, até indicam o caminho para a cura de doenças antes fatais.

Por outro lado, baseados nesses mesmos conhecimentos técnicos, alguns profissionais da área da saúde e do direito levantam a bandeira da liberdade de escolher entre a vida e a morte em situações extremas. Por isso, assuntos como eutanásia, distanásia e ortotanásia se tornaram comuns em noticiários, fóruns de discussões, esferas do poder judiciário e até em rodas de amigos.

Deixe-me esclarecer a diferença entre esses termos: eutanásia envolve a decisão de antecipar a morte do paciente; a distanásia é a obstinação em prolongar irracionalmente o processo de morte; a ortotanásia é situação em que, apesar de se reconhecer a inutilidade do tratamento para manter vivo artificialmente o paciente, são oferecidos cuidados paliativos, aguardando o processo natural de morte.

Na expectativa de levar o leitor a refletir sobre esse tema polêmico, resolvi contar um pouco da minha experiência como médico cristão ante essa realidade.

Eram seis horas da manhã quando meu telefone começou a tocar insistentemente. Eu estava sendo solicitado a comparecer à emergência do hospital para avaliar um paciente em estado grave.

Logo na entrada deparei-me com um caso atípico. Um jovem de 23 anos gritava a plenos pulmões, devido a dores intensas nas duas pernas. Ao examiná-lo, constatei que ele era aparentemente saudável, não possuía nenhuma outra queixa de saúde e não tomava medicamentos de nenhuma natureza, exceto analgésicos leves para dores de cabeça atribuídas a um estilo de vida desregrado.

No exame clínico, percebi que suas pernas estavam frias e pálidas. Além disso, não dava para sentir a presença da pulsação de qualquer artéria em nenhuma região dos seus membros inferiores. Concluí que o quadro claramente era de trombose arterial aguda, com formação de coágulos nas artérias, levando a isquemia (obstrução na circulação do sangue).

Após identificar o problema, solicitei a imediata analgesia e encaminhamento para o centro cirúrgico. Era necessário remover os coágulos o mais rapidamente possível, propiciando o retorno da circulação nas pernas do rapaz.

A cirurgia transcorreu sem problemas e Ricardo ficou internado para se recuperar. Expliquei a ele que faríamos uma investigação minuciosa das possíveis causas da trombose, pois era bastante incomum que esse quadro ocorresse em jovens saudáveis como ele e, principalmente, que atingisse ambas as pernas. Faríamos novos exames. Esse caso certamente merecia atenção especial.

Em uma das minhas visitas diárias aos pacientes, ao sair do elevador no andar da enfermaria, parei de súbito tentando entender o que estava escutando: ecoando nos longos corredores ouvia-se um som de violão, que acompanhava uma voz grave e potente. Seria um rádio?

Curioso, percorri o corredor guiado pelo som, que se tornava mais forte a cada passo que eu dava. Eu sabia avaliar: o violeiro era dos bons. Ao entrar no quarto onde Ricardo estava internado, parei e sorri. Encontrei-o deitado na cama e agarrado a um violão alaranjado, dedilhando acordes e cantando suas músicas como se nada estivesse acontecendo.

Ele tocou várias canções para mim e tivemos a oportunidade de conversar bastante. Descobrimos algo em comum: Ricardo era cantor e tinha verdadeira paixão pela música sertaneja e regional.

Contou-me que estava gravando seu primeiro CD e planejava fazer uma turnê de lançamento. Esperava fazer sucesso no interior de São Paulo, e, quem sabe, em todo o Brasil. Foram muitos os anos de esforço, dedicação, perseverança e privação. Ele fazia dupla com seu irmão e nos últimos meses haviam conhecido promotores de eventos e produtores do setor. Estavam muito confiantes.

Elogiei a qualidade de suas composições e sua voz, partilhando com ele um pouco de minhas próprias peripécias como cantor e compositor, o que o surpreendeu. Foi assim que cresceu entre nós uma empatia e amizade.

Ricardo se recuperou bem da cirurgia, sempre simpático e de bem com a vida. No entanto, continuava internado para controle das dosagens de medicação e aguardando o resultado dos exames complementares que eu solicitara.

Um dia, me contou que as portas começavam a se abrir, acenando que os anos de dificuldade enfrentados por ele e por sua família seriam finalmente recompensados.

Em todas as nossas conversas, Ricardo sempre mencionava com entusiasmo a esposa e os dois filhos pequenos, o que refletia seu intenso amor e respeito por eles. Seu maior desejo era que a música trouxesse fama e dinheiro suficientes para retribuir ao menos um pouco da confiança que eles lhe devotaram todos esses anos.

Após mais alguns dias de internação, enfim chegaram os resultados dos exames. O diagnóstico era raro: Ricardo tinha uma grave doença chamada "poliarterite nodosa" e, ao mesmo tempo, uma segunda síndrome denominada "antifosfolípide". Essas enfermidades, quando associadas, provocam uma séria alteração na coagulação sanguínea, o que leva a quadros súbitos de trombose em qualquer parte do corpo.

Os dois diagnósticos identificados em Ricardo sinalizavam que ele necessitaria de cuidados intensivos, por ser talvez o primeiro caso clínico descrito na literatura internacional de um indivíduo de apenas 23 anos a apresentar essas doenças concomitantemente.

Quando lhe contei sobre a seriedade do problema que apresentava, de imediato achei que Ricardo não havia entendido bem o que eu lhe explicara. Ele não se desesperou nem esboçou emoção. Apenas perguntou-me se ainda poderia arriscar-se pelas estradas da vida em shows. Percebi que sua maior preocupação não era com a saúde, mas sim em manter financeiramente a família.

Enfatizei mais uma vez que esse quadro era muito grave, demandando muita atenção e cuidados específicos. Sem aviso ou sinal prévio, haveria possibilidade de surgirem quadros de trombose não apenas nas pernas, mas em todas as partes do corpo, inclusive cérebro e pulmões, os quais poderiam até mesmo causar a sua morte súbita.

Agora, mais do que nunca, era fundamental que ele colaborasse com o tratamento e mantivesse uma rotina saudável de alimentação e exercícios leves, longe do cigarro, da bebida e das noitadas. Além disso, era imprescindível que seguisse rigorosamente as orientações quanto à ingestão de medicamentos anticoagulantes, corticoides e potentes anti-inflamatórios, os quais poderiam colaborar no alívio dos sintomas e até mesmo influenciar na evolução da doença.

Acrescentei que sua enfermidade tinha caráter autoimune e incurável, e que os riscos de novas e mais graves complicações seriam constantes. Apesar do prognóstico não ser bom, tentaríamos controlar os sintomas e lhe oferecer a melhor qualidade de vida possível.

Ao prescrever sua alta hospitalar, avisei sobre a necessidade de procurar um reumatologista, especialista em doenças autoimunes, para trabalharmos em conjunto e podermos orientá-lo adequadamente.

Ricardo foi para casa. Pela primeira vez, vi preocupação em seus olhos. Ele e sua família foram surpreendidos com a gravidade do diagnóstico e agora precisariam digerir tanta novidade.

Eu, por outro lado, fiquei refletindo sobre a ambição que carregamos no coração e o que ela representa na nossa busca pelo sucesso. O triunfo é resultado de uma entrega, quando, para alcançar nossos objetivos, optamos por abraçar sacrifícios, trabalhar duro e aprender lições com o fracasso.

No caso de Ricardo, o desejo de fazer sucesso com sua música e a ambição por ter uma condição financeira confortável haviam sido o combustível que o levara até aquele ponto. No entanto, ele agora via tudo isso subitamente desmoronar ante o peso de uma enfermidade.

Era hora de questionar: de que vale o sucesso profissional sem saúde física e emocional? Sem família? Sem amor? Era preciso colocar seus valores na balança. Sempre é tempo de aprender a voltar os olhos e adaptar os sonhos ao que realmente importa.

Daquele dia em diante, nossos encontros se tornaram frequentes, para que eu pudesse ajustar a dosagem dos medicamentos. Ele tomava os remédios religiosamente, porém, ao contrário do que eu havia recomendado, continuava insistindo na carreira musical, o que implicava manter o velho estilo de vida para lá de desregrado.

Então, apenas seis meses após o começo do tratamento, Ricardo apresentou o primeiro retrocesso em seu quadro clínico. Dessa vez, começou a sentir muitas dores e a apresentar inchaço na perna direita.

Realizei um exame de ultrassom Doppler que confirmou minhas suspeitas: ele desenvolvera uma trombose venosa profunda. Seu corpo já se acostumara à medicação, o que levou à manifestação da doença novamente.

Foi necessário interná-lo mais uma vez, e tentamos controlar o quadro ministrando uma medicação mais forte.

Nessa ocasião conheci a família de Ricardo. Era notável a preocupação de sua esposa e de sua mãe, já bastante idosa. As crianças sentiam o clima tenso e estavam nervosas, ainda que sem entender bem o que acontecia. O pai, aparentando mais idade que a mãe, e o irmão cantor permaneceram parados de pé ao lado da porta, como que imobilizados pelo medo de enfrentar a realidade.

Tentei acalmá-los dizendo que estava tudo sob controle e que logo Ricardo poderia voltar para casa. Todavia, enfatizei que minhas recomendações sobre a medicação e estilo de vida continuavam as mesmas e deveriam ser seguidas rigorosamente, caso contrário a próxima crise talvez não tivesse um final feliz.

Alguns anos se passaram e o tratamento corria sem novas complicações. Nos retornos periódicos, os exames de Ricardo mantinham-se estáveis e não apresentavam motivo para preocupações.

Quase uma década depois, a noite já avançava quando finalmente saí do consultório, mas o meu expediente ainda não havia terminado. Eu precisava ir até a Santa Casa visitar pacientes que mereciam atenção e cuidados pós-operatórios.

Tenho o costume de sempre chegar de bom humor ao hospital. Afinal, ali há tantas dificuldades e sofrimento, que muitas vezes um aceno ou um sorriso é capaz de mudar o clima de tensão que paira sobre todos.

A entrada do setor de emergência parecia calma. Cumprimentei vários colegas com os quais cruzei no caminho e a enfermeira-chefe, que circulava decidida em meio aos pacientes. Brinquei com os médicos residentes de plantão e acenei sorrindo para os enfermos que aguardavam na sala de espera.

Eu estava muito cansado depois de um dia cheio de consultas e cirurgias, mas mesmo assim caminhei pelos corredores falando com todos. Então comecei a ouvir um som diferente. Aguccei os ouvidos e escutei ao longe um barulho de gritos e pedidos desesperados de ajuda. Achei estranho, mas segui meu trajeto. Andando pelo corredor em direção ao elevador, notei uma movimentação intensa: a equipe médica e de enfermagem estava agora atendendo em mais um caso grave.

De repente fui surpreendido por alguém que se aproximou de mim por trás e segurou a manga do meu jaleco. Era a esposa de Ricardo.

Naquele momento fiz a ligação entre os sons que chegavam aos meus ouvidos e a mulher que me abordara: quem estava pedindo socorro era Ricardo que, ao escutar minha voz, começou a gritar o meu nome. Sua esposa me disse que o trouxera para o hospital havia uma hora, pois ficara cego subitamente.

Corri ao encontro de meu paciente e constatei que ele parecia estar sofrendo um acidente vascular cerebral (AVC), como complicação de sua doença. Depois de uma rápida avaliação física, percebi que ele estava com outro problema além da perda da visão. Suas pernas estavam frias e sem pulsação, o que sugeria uma nova trombose arterial.

Tentei acalmá-lo como pude, solicitei a avaliação do neurologista de plantão e prescrevi medicamentos potentes para controlar os sintomas. Diante da gravidade do caso, transferi Ricardo para o CTI. A cada momento o quadro se agravava mais e mais.

Nas horas seguintes, eu e a equipe de médicos intensivistas aguardávamos a ação das drogas, ao mesmo tempo que investigávamos a extensão dos danos que o paciente sofrera. Fomos então surpreendidos com o surgimento de uma trombose mesentérica, sinalizando que coágulos estavam sendo formados em suas artérias intestinais.

Como médico, é terrível sentir-se impotente ante situações como essa, em que a doença dá sinais de descontrole e irreversibilidade. Ricardo, apesar de medicado, voltou a gritar de dor, o que nos motivou a anestesiá-lo. Seus sinais neurológicos e respiratórios pioravam a cada minuto. Foi inevitável entubá-lo. Era impossível levá-lo ao centro cirúrgico naquela situação, porque qualquer intervenção pioraria seu quadro ainda mais.

Optamos por aguardar ao menos uma estabilidade hemodinâmica (pressão arterial, batimentos cardíacos, níveis de oxigênio no sangue, temperatura, parâmetros metabólicos) antes de operá-lo; caso contrário, ele não sobreviveria. Mas sua pressão oscilava bastante, baixando cada vez mais. Assim, administramos novas drogas para ativar seu sistema circulatório.

Agora nos restava apenas esperar que o corpo de Ricardo reagisse às medicações. Na doença, como em uma grande batalha, a medicina lança mão de todas as armas e tecnologias disponíveis para fortalecer os exércitos das células de defesa do organismo. Porém, quando tudo resulta em morte, essa guerra acaba sem vencidos e sem vencedores. O corpo sucumbe à enfermidade, que, por sua vez, também perde seu hospedeiro, não tendo motivos para vangloriar-se.

Nas horas que se seguiram, ele não melhorou. Na verdade, Ricardo piorou significativamente. O plantonista do CTI e o neurologista me chamaram para discutir o caso.

Fui informado de que os resultados da última avaliação neurológica apontavam para um AVC extenso e maciço e que os exames de imagem confirmavam a morte cerebral.

Ouvi atento o que infelizmente meu coração já sabia: a batalha contra a doença estava irremediavelmente perdida. Olhei para os lados em busca de conforto, mas ele não veio.

Pensei nos pais idosos daquele homem cheio de sonhos. Eu não conseguia imaginar o tamanho do desespero e da revolta que um pai ou uma mãe sente quando perde um filho, transgredindo a ordem natural das coisas. Acho que esse sofrimento seja amplificado quando se enxerga no filho morto um potencial de amor ainda latente, em busca de conquistas e oportunidades que não mais serão alcançadas; uma jornada que tinha tudo para ser épica, mas que foi resumida a um curta-metragem.

Com o coração apertado, fui conversar com a família e colocá-la a par da situação.

Meu olhar viajou pela sala de espera e encontrou a esposa de Ricardo olhando pela janela, apreensiva, como se por sua cabeça passasse apenas o desejo de fugir daquela realidade que a massacrava. Quando me viu, ela correu ao meu encontro e pude notar um pequeno terço enrolado em suas mãos.

Acredito que para um médico não existe momento mais difícil e doloroso. Conversar com os familiares após o desenlace da morte é extremamente complicado.

Esse é o momento que o profissional mais teme. É um misto de impotência e fracasso, mesmo tendo dentro de si a certeza de ter feito o máximo pela cura do doente. O insucesso estampa na face e tatua no coração a experiência da perda.

O que dizer à esposa, aos pais e aos filhos? Existe alguma palavra que represente verdadeiro consolo? Como eles veem o médico que comunica ter perdido a batalha pela vida daquele que tanto amavam?

Não existem respostas prontas a essas perguntas tão difíceis. É o relacionamento construído com o tempo entre o médico, o paciente e seus familiares que dita o compasso das palavras.

Durante a faculdade, eu defendia a importância de disciplinas que enfatizassem a relação entre o médico e o paciente, o estudo da morte (tanatologia) e a medicina psicossomática (área que estuda a correlação entre as doenças físicas e os distúrbios psicológicos), pois acreditava que a experiência dos professores alargaria nossos horizontes e ajudaria os futuros médicos a lidar com os problemas de seus pacientes.

O conselho mais sábio que ouvi naqueles anos de formação e que adotei para minha vida foi sempre me imaginar do outro lado, colocando-me no lugar daquele que sofre. Essa atitude se torna fundamental para os médicos que abraçam o exercício da profissão de forma humana e benevolente.

Mas só se adquire essa percepção do outro quando aprendemos a olhar primeiro para dentro de nós mesmos sem máscaras. Somente então, donos de nossas próprias certezas e dúvidas, senhores de nossos próprios sentimentos, cativamos o outro e somos capazes de construir uma relação de confiança. Ela é erguida lentamente, tijolo por tijolo, pela convivência selada pelo cimento do respeito mútuo, que é responsável pela força do vínculo entre esses dois seres humanos tão iguais e, ao mesmo tempo, tão diferentes: o médico e o paciente.

O paciente deseja que na batalha pela vida o médico lute a seu favor, lançando mão de todo o arsenal de conhecimento e tecnologias existente. Ele observa o comportamento do profissional, avalia seu desempenho e suas atitudes nas situações de emergência. Por outro lado, o paciente também anseia encontrar por trás do jaleco branco um ser humano sensível, acessível e digno, com quem possa partilhar inquietações, segredos e esperanças.

Portanto, muito se espera do médico – principalmente que ele respeite as nuances de cada ser, único em seus valores, princípios e dores. Esse profissional, no momento de comunicar a morte, é senhor de suas próprias emoções e tem segurança nos passos que o conduziram até aquele ponto. No entanto, em seu íntimo, o ser humano que ali se encerra sofre duplamente: pela perda dos outros e pela sua própria perda.

Com muito pesar, relatei àquela jovem mulher o que acontecera no CTI. Contei que a situação neurológica de Ricardo era irreversível e que a equipe médica concluiu que seria impossível sua recuperação.

Apesar de estar vivendo um momento tão difícil, ela deveria pensar bastante antes de concordar em suspender o tratamento. Mesmo que se sentisse engolida pela própria dor, não poderia perder de vista o direito à vida de seu amado esposo. A natureza era sábia e, no momento certo, resolveria tudo no seu tempo e da melhor forma.

Por fim, disse que a decisão era da família e que, como médico, era meu dever oferecer conforto a Ricardo, aguardando em oração o desfecho natural daquela vida que se esvaía lentamente.

Ela estava perdendo o chão enquanto ouvia minhas palavras. Parecia não conseguir compreender o que eu, com tanto cuidado, tentava lhe explicar. Até que, entre lágrimas, declarou que não se sentia em condições de decidir nada e pediu que eu resolvesse como proceder em relação à vida de seu marido.

Minha cabeça ferveu. Eu vivia um conflito interno entre minha razão, minha emoção, minha fé e a esperança que se apagava em meu peito.

Finalmente respondi à jovem que minha função naquela circunstância era cuidar do paciente da melhor maneira possível. Como ser humano e médico cristão, de forma alguma eu faria uma escolha que fosse contra a vida. Caso ela concordasse, assim eu agiria. Ela assentiu.

Vejo a vida como um direito de todos e não apenas de alguns. Assim, entendo que rejeitar estratégias que comprometam a vida de alguém é agir como ser humano, é respeitar o processo natural da morte, que ocorrerá no momento em que o corpo entrar em falência. Acredito que não é válido e nem justo submeter o paciente a tratamentos infrutíferos ou degradantes que prolonguem sua vida quando não há chance de cura.

Em outras palavras, isso não significa negligenciar o tratamento, mas sim oferecer ao doente apenas os cuidados necessários para o alívio dos sintomas, com o objetivo de evitar seu sofrimento. Essa atitude de deixar o paciente morrer com dignidade chama-se ortotanásia.

Os anos dedicados à medicina haviam me dado condições de concluir que o estado de Ricardo era irreversível e que seu prognóstico estava fechado. A vulnerabilidade e a fragilidade humanas foram mais fortes do que os recursos que a medicina podia oferecer.

Quando se atende ao pedido de pôr fim à vida de um paciente, comete-se um crime. No entanto, abster-se de atos que prolonguem a vida de forma artificial não é considerado crime e nem atentado à ética. Ou seja, em caso de morte cerebral, o médico até pode desligar os aparelhos (desde que com o consentimento da família, é claro), porque, do ponto de vista legal, não se trata de antecipar a morte, pois esta na verdade já ocorreu. Trata-se apenas de evitar que o paciente em estado de morte encefálica seja submetido à terapia desnecessária e inútil.

Minha posição pessoal foi recomendar que os procedimentos terapêuticos básicos recebidos por Ricardo fossem mantidos, assim como as medicações sedativas, até que seu próprio corpo deixasse de responder espontaneamente.

Fiz todos os registros e prescrições no seu prontuário, ciente de que não havia mais o que fazer por ele. Orientei a família a se despedir, já que agora seria só questão de tempo.

Algumas horas depois, no meio da madrugada, fui chamado novamente ao hospital. O corpo de Ricardo havia finalmente desistido de responder.

Por uma semana tive dificuldades para dormir pensando naquele paciente que acabou se tornando um amigo ao longo de quase uma década de relacionamento. Também não conseguia deixar de imaginar o drama que a família estaria vivendo com sua ausência.

Nós, médicos, não somos super-heróis, não temos superpoderes nem somos senhores da vida e da morte. Não há como sair vencedor na batalha da vida. Em algum momento, todos os esforços para recuperar nossa saúde serão em vão e a morte se aproximará de nossa existência sem pedir licença.

Penso na dificuldade que os médicos, doentes e familiares passam ao enfrentar a difícil decisão de optar pela vida ou pela morte. Vários países permitem a eutanásia, mas será que está em nossas mãos decidir sobre quem deve morrer ou viver?

Nos momentos de escolha, não há como negligenciar os valores que nos tornam cristãos. É uma questão moral não cruzarmos os braços e levantarmos a bandeira do direito à vida em qualquer situação. É nosso dever não deixar que o desespero domine nossas atitudes e manipule nossas convicções.

É chegada a hora de discutir a fundo esse assunto e entender que toda lei que se baseia em casos isolados abre precedentes para um leque enorme de possibilidades, que podem ser nocivas à sociedade.

A presença da natureza ditando o compasso da vida sinaliza a certeza da presença de Deus em cada acontecimento diário. Gosto de pensar que Ele não joga com os dados de nossas vidas, mas que os coloca em nossas mãos.

"O homem não é senhor de seu sopro de vida, nem é capaz de o conservar. Ninguém tem poder sobre o dia de sua morte, nem faculdade de afastar esse combate."

(Eclesiastes 8:8)

Além das aparências

"Preciso da mão, de um sorriso,
Da força que afaste qualquer tempestade a me atingir.
Preciso do abraço, do amigo,
Da força do amor que restaure a paz que deixei para trás.
Sei que ainda sou capaz, minha alma não se apagou,
Preciso deste fogo, inflama-me de amor, Senhor."

(Fábio Augusto, "Preciso")

Viver é a aventura de acordar todos os dias com a missão de aproveitar cada minuto, buscando e construindo nossa própria felicidade e a das pessoas que nos cercam e que amamos.

Mas viver à procura da felicidade tem um preço: assumir os riscos de experimentar momentos de frustração, decepção, medo, desamparo, solidão e tristeza. Ninguém foi criado para sofrer, mas isso faz parte da vida. Aprendi que o sofrimento não mata – pelo contrário, ele ensina a viver. É necessário apenas ter forças para juntar os cacos, reorganizar a mente e o coração, seguir em frente sem olhar para o que nos feriu no passado e sem esquecer o que isso nos ensinou. É preciso registrar a experiência da dor para não repetirmos os mesmos erros no futuro.

Mas o que fazer quando não temos forças para tanto? O que fazer com os sentimentos que se agigantam e parecem nos despedaçar por dentro?

Alguns deles, infelizmente, são semeados no próprio lar pelas atitudes de incompreensão e adubados pelos conflitos nos relacionamentos. Eles encontram solo fértil nos corações fragilizados e lançam raízes que rapidamente se aprofundam e ramificam.

Quando nos damos conta, a discórdia e a revolta nos envolvem e acabam por envenenar nossas escolhas e atitudes, distorcendo a forma como enxergamos e entendemos o mundo, influenciando todos os acontecimentos que se sucederão a partir de então.

Algumas dessas más escolhas resvalam no mundo das drogas e comprometem o que nos é mais precioso: a saúde e a família.

Para muitas pessoas, as drogas surgem como uma alternativa para desabafar o sentimento represado no peito, fugir dos problemas e obter prazer, mesmo que de forma ilusória e momentânea. A dependência química é como uma úlcera que se abre e expõe a ferida que internamente já havia corroído as relações entre aqueles que tanto se amam.

A presença de um usuário de drogas dentro de casa e a luta pelo resgate de sua vida compõem o drama dos personagens da história a seguir. O final feliz depende de uma mudança de atitudes, diálogo, perdão e amor, que insiste em não se apagar em meio à forte neblina da decepção e da dor.

O Dr. Carlos e a Dra. Tânia pareciam um casal perfeito, de dar inveja à sociedade. Ele, advogado bem-sucedido, e ela, médica muito conceituada, não mediam esforços para que tudo andasse rigorosamente nos trilhos em seus respectivos trabalhos.

Escolheram ter apenas um filho, Pedro Henrique, que teve uma infância sem traumas ou doenças graves e tornou-se um rapaz bonito, atlético e simpático.

Os pais, envolvidos no ritmo alucinante de seus compromissos durante a semana, compensavam sua ausência aos sábados e domingos, mas isso quando não estavam viajando, participando de reuniões e congressos.

Na casa de Carlos e Tânia as festas eram frequentes, sempre cheias de amigos, regadas com fartura de comida e principalmente de bebida, que se estendiam até altas horas da madrugada. Nessas ocasiões, era comum passarem da conta, e, em consequência, se embriagarem, falarem alto, contarem piadas de gosto duvidoso e até mesmo trocarem insultos; tudo isso diante dos olhos atentos do garoto que crescia observando tudo.

Não se interessavam por nenhuma religião ou filosofia de vida, julgando-as perda de tempo e conversa fiada. Pouco a pouco deixaram de frequentar a igreja, relegando a espiritualidade à categoria de "dispensável" em suas vidas.

Eles também não se preocupavam em conversar com o filho sobre seu mundo particular: o que ele pensava sobre o colégio, os amigos e até mesmo sobre a família, restringindo-se a perguntas automáticas e eventuais sobre como estava seu desempenho escolar e contentando-se com breves respostas de "tudo bem".

Uma vez por ano viajavam juntos. Pedro aguardava essas ocasiões com ansiedade, considerando aquele o seu maior presente, pois sentia que finalmente teria os pais somente para si. No entanto, eles não conseguiam se desligar do trabalho, e os momentos a três eram muitas vezes interrompidos por longos telefonemas e horas ao computador.

O pai tinha uma atitude autoritária, exigindo do filho perfeição em tudo o que fazia, desde a tarefa mais simples até a mais complexa. Enquanto a mãe, absorta em seus próprios problemas, era exageradamente permissiva, por vezes até contradizendo as decisões tomadas pelo marido.

Assim o menino cresceu. Ao completar 18 anos, ganhou um carro importado e uma viagem sozinho ao exterior. Pedro era capaz de dizer aos amigos que tinha quase tudo que uma pessoa podia desejar em relação a bens materiais. Porém, quando perguntado sobre a família, pouco falava a respeito do relacionamento com seus pais.

Um dia, ao final do expediente, fui surpreendido pela presença do Dr. Carlos e da Dra. Tânia, que se desculparam por aparecer sem hora marcada e pediram alguns minutos de minha atenção para uma conversa particular. Estavam visivelmente nervosos e preocupados.

Dispensei a secretária e quando ficamos a sós o casal expôs o motivo de estarem ali. Desesperados, não sabiam mais a quem recorrer em busca de uma solução para o sofrimento que estavam passando.

O filho não mais conversava com eles, vivia fora de casa com os amigos e saía todos os dias para baladas. Quando voltava, de madrugada, estava sempre alcoolizado e com os olhos vermelhos; trancava-se no quarto e só saía de lá para comer.

Na adolescência, Pedro começara a apresentar dificuldades nos estudos, o que Carlos e Tânia tentavam compensar pagando incontáveis aulas particulares. No entanto, ao terminar o ensino médio, o rapaz decidira abandonar os estudos por alguns meses, para "descansar e dar um tempo para sua cabeça". Desde então, quando lhe questionavam sobre o rumo que daria à sua vida, às vezes dizia que ia procurar um trabalho, às vezes prometia retomar os estudos no ano seguinte.

Se lhe perguntavam alguma coisa, ele respondia com grosserias e ameaças. Os pais também perceberam que o filho, que sempre fora vaidoso, não se preocupava mais com a aparência:

não tomava banho, não cortava o cabelo e ficava vários dias usando as mesmas roupas.

Um dia, a Dra. Tânia tomou uma atitude drástica: revirou o quarto de Pedro, encontrando embaixo do colchão um pacote de maconha e algumas pedras de crack, além de um cachimbo artesanal. Desconsolada, ela contou para o marido e, juntos, decidiram que iriam internar o filho em uma clínica particular para recuperação de dependentes químicos, a melhor que o seu dinheiro fosse capaz de pagar, mesmo que fosse contra a vontade do rapaz.

Quando Pedro voltou para casa naquele dia, já estava amanhecendo. Os pais, que haviam passado a noite em claro esperando sua chegada, o receberam com palavras ásperas de tom acusatório e hostil. Seguiu-se uma sinfonia de gritos e choros, sons de objetos quebrados, portas batendo e, por fim, silêncio... sinalizando não a paz, mas muita tristeza.

O jovem negava ser dependente e não aceitava de forma alguma ser internado. "Isso é para viciado, coisa que eu não sou", argumentou ele. Em tom autoritário, Carlos disse que a opinião dele não importava e que isso não era uma questão de escolha, era uma ordem. Pedro o ignorou e se trancou no quarto, pouco ligando para a angústia e o desespero dos pais do outro lado da porta.

No dia seguinte, uma ambulância, que mais parecia um camburão, estacionou na frente da casa. Três homens corpulentos e vestidos de branco desceram e foram buscar o rapaz para a internação. Pedro gritou, esperneou, tentou fugir, mas foi levado embora. Os pais assistiam a tudo em meio a lágrimas e silêncio, divididos entre o desejo de poupar o filho da internação e o anseio de livrá-lo das drogas. Era a tentativa desesperada daquele casal, que, dominado pelo medo e pela insegurança, não sabia mais como agir para salvar o filho.

O jovem ficou internado por sessenta dias em uma cara clínica particular e, após uma aparente melhora, voltou para casa. Estava um pouco mais calmo, porém ainda calado. Apesar do semblante saudável, seus olhos denunciavam uma mágoa contida, envolta pelo sentimento de injustiça e incompreensão.

Desde que descobriram o problema do filho, Carlos e Tânia não mais viajaram a lazer ou a trabalho, receosos de se ausentarem e algo terrível acontecer ao rapaz. Além disso, tentaram ocultar a situação dos amigos e parentes. Envergonhados, combinaram de dizer que Pedro estava viajando e respondiam vagamente às perguntas sobre ele, mas ficava cada vez mais difícil esconder o drama que vivenciavam. Eles viam na dependência do filho um sinal de seu fracasso como pais.

Menos de 30 dias depois, Pedro não voltou para dormir em casa. Era um sinal claro de reincidência. Ele estava retornando às drogas e passou a desaparecer com mais frequência do que antes, chegando a ficar até três ou quatro dias sem dar notícias.

Tânia e Carlos se abateram de tal forma com a recaída e os sumiços do filho que mal conseguiam trabalhar, quanto mais dormir. Apesar de estarem dispostos a gastar até o último centavo que tinham para salvar a vida de Pedro, não conseguiam vislumbrar no rapaz nenhuma esperança de recuperação.

Um dia, Carlos recebeu o telefonema de um amigo delegado, dizendo que Pedro encontrava-se detido por porte de drogas e por tentar roubar uma motocicleta. Envergonhado e desolado, finalmente percebeu que era inevitável que todos soubessem do problema que enfrentava. Na delegacia, implorou ao amigo que desse uma chance ao seu filho, pois ele próprio se responsabilizaria por providenciar o mais rapidamente possível uma nova internação para recuperá-lo do vício. Sensibilizado, o delegado consentiu e libertou o rapaz após uma longa conversa, alertando-o sobre a necessidade de repensar em sua vida e tomar jeito, pois o caminho das drogas cobrava um preço alto e inevitavelmente acabava na prisão ou no caixão.

Quando Carlos contou para Tânia, ela chorou muito ao imaginar seu filho querido atrás das grades. Decidiram encarar o problema, assumi-lo e lutar com todas as suas armas contra essa realidade inegável, pois nada mais importava.

Assim, internaram o rapaz novamente. Pedro retornou a contragosto para a mesma clínica de recuperação, mas agora sem que fosse necessária a ambulância para buscá-lo à força. Ao se despedir, manteve-se de cabeça baixa e em silêncio, indiferente às lágrimas da mãe e ao olhar apreensivo do pai.

O tempo passou e, lamentavelmente, a história se repetiu. Ele retornou para casa após sessenta dias e, apenas uma semana depois, estava mais uma vez envolvido com o mundo das drogas.

O casal decidiu não desistir. Teria de haver uma maneira de recuperá-lo desse mal.

Nessa época, Carlos e Tânia assistiram a um programa de televisão que falava sobre a Fazenda da Esperança, uma comunidade terapêutica filantrópica de recuperação para dependentes químicos. A instituição baseava seu tratamento no tripé trabalho, convivência e espiritualidade, obtendo bons resultados nas centenas de unidades espalhadas em diferentes países do mundo.

Ao buscarem mais informações, souberam que havia um médico voluntário da instituição que residia em Campo Grande, e foi assim que nosso encontro aconteceu.

Enquanto os ouvia atentamente, pensei que cada família carrega em seu seio um drama particular, mesmo que a fantasia materialista os encante. As pessoas acabam perdendo de vista o que é realmente importante na vida e se deixam confundir pelo paradoxo do "ter" x "ser". Vestem a máscara do status, da vaidade e do orgulho, na ânsia de se sentirem importantes... de se sentirem alguém.

Os filhos são mais do que espectadores silenciosos. Sem que ninguém se dê conta, além de observar, assimilam valores morais e éticos a partir dos hábitos que testemunham na vida dos pais. Percebem o que eles entendem como certo e errado e reproduzem isso em sua vida adulta.

Aquelas pessoas à minha frente viam sua própria família desmoronar aos poucos e buscavam desesperadamente uma forma de corrigir as rachaduras que se alargavam em suas relações.

No entanto, o problema maior não estava nas "paredes rachadas", mas nos frágeis alicerces que mantinham a família de pé. Construída a partir do materialismo e do consumismo desenfreado, a vida daqueles três precisava de muito mais do que uma reforma: era necessária uma mudança radical nos valores individuais, bem como uma mudança no estilo de vida de todos.

Depois que terminaram seu relato, eu disse que o mais importante era perceber que, apesar de todo o sofrimento, eles não haviam desistido do filho e continuavam em busca de uma forma de ajudá-lo a sair do labirinto das drogas.

Era normal que se sentissem culpados pelos problemas do rapaz, mas deveriam estar conscientes de que a dependência química não é determinada apenas pela educação e pela relação com os pais. Existem doenças de caráter genético, psiquiátrico e neurológico que deixam a pessoa mais vulnerável e predisposta ao vício, como a depressão, os transtornos de déficit de atenção e hiperatividade, transtorno obsessivo-compulsivo e transtorno bipolar.

Por esse motivo, é essencial que tudo seja investigado e diagnosticado antes de se acusar injustamente a família. O diagnóstico realizado por uma equipe multidisciplinar (neurologista, psiquiatra e psicólogo) interfere no tratamento, nas recorrências e recaídas, avaliando-se a necessidade de uso de medicamentos para a readaptação do indivíduo à sociedade.

Assim, era imprescindível que a internação seguinte acontecesse por desejo do rapaz. Nessa instituição da qual sou voluntário, o processo de recuperação da dependência química somente ocorre a partir da vontade do paciente. A restauração de uma vida dominada pelas drogas é algo difícil e lento, que exige uma transformação de dentro para fora.

Em um primeiro momento, seria preciso ter uma conversa franca com o filho, conscientizando-o e sensibilizando-o do mal físico e mental a que estava exposto, além dos perigos que corria – tanto em relação à sua saúde quanto em relação à perseguição da polícia e até dos traficantes. Era imprescindível que ouvissem com paciência o que o rapaz tinha a dizer, e esse diálogo deveria ser conduzido sem preconceitos, acusações ou cobranças, enfatizando o tempo todo que o amavam e o queriam de volta em casa feliz e realizado. Depois que isso acontecesse, aí sim, outras providências poderiam ser tomadas.

Enquanto me ouvia, a Dra. Tânia, com os olhos fundos de quem não dormia direito há vários dias, começou a chorar. Abraçada ao marido, disse que tentariam conversar com o filho, embora não acreditassem que ele os ouviria.

Citei uma frase que sempre me vem à mente quando ouço alguém dizer que tudo está perdido: "Quando penso que não tem mais jeito, Deus vem, molda o barro e faz um novo vaso."

Em outras palavras, tudo só acaba quando é da Sua vontade, e não é da vontade do Pai ver nenhum de seus filhos infeliz e acorrentado ao vício.

Sugeri que tentassem dar esse primeiro passo de coração aberto, deixando transparecer em suas palavras sua esperança e seu amor incondicional.

Assegurei-lhes que eu estaria ali caso precisassem conversar novamente, não importando se o resultado dessa conversa inicial fosse favorável ou não. Trocamos telefones e nos despedimos. Eles saíram do meu consultório cabisbaixos e acompanhados pela tristeza.

Após um fim de semana sem notícias, decidi telefonar para saber se haviam conseguido dialogar com o rapaz, e qual teria sido a sua reação.

O Dr. Carlos atendeu e disse que ainda não haviam conversado com Pedro. Contou que, na noite de sábado, ao retornarem de um casamento, encontraram a casa furtada: todos os relógios de Carlos, as joias de Tânia, os aparelhos de televisão, som, computadores... tudo fora levado. Uma verdadeira limpeza.

A primeira reação do casal foi chamar a polícia, mas, desconfiando que o filho pudesse estar envolvido, procuraram esclarecer os fatos com ele antes de tomar qualquer atitude.

Ao chegar, Pedro negou categoricamente ter participado do crime, mas, ante a insistência do pai, acabou confessando que furtara tudo o que parecia ter valor, com o objetivo de pagar os traficantes que ameaçavam matá-lo caso não pagasse suas dívidas.

O pai e a mãe estavam inconformados e falavam aos berros. O rapaz, visivelmente drogado e apresentando um comportamento agressivo, dizia que os odiava e que mataria os dois se fizessem qualquer coisa contra ele.

Sentindo que a situação fugia ao controle, Tânia se aproximou do telefone fazendo menção de chamar a polícia, mas foi surpreendida pelo filho, que arrancou o aparelho de suas mãos, deu-lhe um tapa no rosto e a empurrou contra a parede. O estado alterado produzido pelas drogas transformava o jovem em um monstro, fazendo-o perder o discernimento e qualquer noção de juízo e valor.

No entanto, após agredir a mãe e vê-la chorando, ele caiu em si e cobriu o rosto com as mãos, dando-se conta da gravidade de seus atos. Mas já era tarde. Carlos então o expulsou de casa aos gritos.

Pedro saiu às pressas, apenas parando rapidamente na soleira da porta para lançar um último olhar em direção à mãe.

Dois dias se passaram e ele não havia retornado desde então, apesar das tentativas frustradas de tentar localizá-lo.

Ao ouvir o relato daquele casal, meu coração ficou apertado, imaginando a tragédia que estavam vivendo. A família, antes aparentemente um exemplo de equilíbrio e sucesso, se desintegrava tijolo por tijolo.

Surpreso com o desenrolar dos fatos, por um momento não sabia ao certo o que dizer. O que saiu da minha boca foi apenas um simples: "Apesar de tudo, mantenha a esperança e não desista de seu filho. Estou à sua disposição caso precise de ajuda."

Combinamos que ele viria ao consultório naquele mesmo dia no final do expediente para conversarmos com mais calma.

Pensei naquele rapaz que cresceu ouvindo apenas "sim" para todas as suas vontades. Para qualquer desavisado, isso poderia parecer bom. No entanto, o adulto que ele se tornou mostrava que essa abordagem não tinha sido nada positiva.

Pensei em quanto podemos influenciar negativamente nossos filhos se não agirmos com firmeza dizendo "não" quando é preciso, expondo os limites entre o certo e o errado.

Engana-se quem acredita que amar é sempre dizer sim. Dizer não na hora certa também é agir com amor. Antes que seja tarde demais, é importante que os pais tenham coragem de agir com consistência e, principalmente, não confundam autoridade com autoritarismo, arriscando perder as rédeas e os freios da educação dos filhos.

No horário combinado, Carlos veio sozinho, pois a esposa havia machucado o braço. Seu semblante demonstrava que havia chorado bastante. Então eu disse àquele homem transtornado que quando desliguei o telefone mais cedo fiquei me perguntando o que a palavra "esperança" significaria para uma pessoa tomada pela incerteza e pelo desespero. O que representaria para um pai perder seu filho, sua descendência, sua assinatura impressa na vida pelo amor do casal?

Nenhum pai deseja o mal para seus filhos. Enquanto as crianças estão crescendo e se desenvolvendo, imaginamos estar acertando na orientação dos valores e virtudes, desempenhando de forma correta nossa responsabilidade parental. No entanto, se nos deparamos com problemas tão graves, é inevitável procurarmos um culpado.

Expliquei que, muitas vezes, as pessoas mais próximas à vítima acabam criando uma codependência. Aqueles que os amam se deixam levar facilmente pela dor da situação e alimentam um misto de culpa, abandono, insegurança, temor e raiva, permitindo que o comportamento do dependente mine suas forças e confunda suas ideias.

Os codependentes delegam para si mesmos a responsabilidade pelo controle das emoções e atitudes do outro, muitas vezes sem conseguir enxergar e controlar as suas próprias. Assim, sofrem duas vezes, por suas dores e pelas do outro.

Disse a Carlos que, por mais que nos esforcemos, ninguém é capaz de modificar à força o jeito de ser e sentir das pessoas. Podemos, sim, modificar a nós mesmos a partir de nossa própria vontade. Sugeri que ele e a esposa encarassem esse momento de crise como uma oportunidade de reavaliar o papel que até então assumiram em sua família. Talvez fosse hora de baixar a guarda, engolir o orgulho e reconhecer seus erros e acertos, suas ausências, suas falhas, seus exemplos e a forma como apresentaram o mundo ao seu filho.

O primeiro e mais importante passo que poderiam dar em direção à recuperação do filho era eles mesmos se recuperarem, retomando seus valores pessoais com dignidade e fortalecendo a fé que há tanto tempo haviam abandonado.

Contei-lhe a história do Sr. Agenor, que procurou o grupo de apoio aos familiares de dependentes químicos e ex-dependentes da Fazenda da Esperança, chamado Grupo Esperança Viva (GEV).

Diante de todos os presentes na reunião, ele relatou sua luta para tentar tirar o filho do mundo das drogas, pois o rapaz não aceitava o tratamento e muito menos a internação. Um dia, por acaso, o Sr. Agenor ouviu falar do GEV. Combinou com seu filho de comparecerem ao encontro de famílias que passavam por problemas semelhantes.

Qual não foi a surpresa do Sr. Agenor quando o filho não apareceu. Embora bastante decepcionado, decidiu ir sozinho ouvir o que aquelas pessoas tinham a dizer. E essa foi a primeira de muitas reuniões de que o Sr. Agenor participou.

Apesar de ser o frequentador mais assíduo do grupo, sentava-se sozinho no fundo da sala e ficava apenas ouvindo, refletindo sobre quanto as experiências daquelas pessoas estavam sendo capazes de mudar seu jeito de pensar e agir.

Passados três meses, o Sr. Agenor percebeu que a falta de comunicação entre ele e o filho era devido a suas atitudes vigilantes, autoritárias, egoístas e castradoras. Nunca fizera questão de compreender os sentimentos do filho, conhecer seus relacionamentos, seus problemas ou seus sonhos para o futuro, pois estava sempre preocupado em trabalhar e melhorar de vida. Em casa, tudo o que o filho fazia de errado, até mesmo quebrar um copo por descuido, era motivo de brigas e agressões verbais.

Ele percebeu que não era um pai suficientemente paciente e carinhoso. Com tristeza, compreendeu que suas atitudes motivaram o rapaz a buscar na rua a amizade que não tinha em casa – e por infelicidade encontrou essa amizade no sorriso falso do traficante e no grupo de supostos amigos que o aceitaram como ele era.

Após seis meses de presença assídua no grupo de apoio, Agenor pediu a palavra e contou com alegria que fazia 60 dias que vinha conseguindo, embora com extrema dificuldade, controlar o próprio temperamento e mudar suas atitudes.

Com os olhos brilhando de contentamento, acrescentou que os reflexos dessa transformação já eram perceptíveis no comportamento do filho. Agora, o jovem ficava mais em casa, tentava se aproximar daquele novo pai receptivo e carinhoso, puxava conversa e, por iniciativa própria, ofereceu-se para ajudá-lo na oficina em que toda a família trabalhava. Surpreendentemente, ele parecia estar se desvencilhando pouco a pouco do mundo das drogas.

Com os olhos iluminados pela esperança, Carlos entendeu o recado e prometeu que nos reencontraríamos em breve. Já era noite quando ele deixou o meu consultório. Permaneci sentado em silêncio por mais alguns minutos, pensando com meus botões. Como era possível conceber que a família, instituição consolidada por valores e virtudes tão nobres, acabasse se transformando em um núcleo tão desfigurado e corrompido pelo individualismo?

A meu ver, a família moderna encontra-se cristalizada como açúcar: doce no início e, depois, nas primeiras dificuldades, dissolvendo-se por entre os dedos e perdendo seu sabor.

A educação, a ética, a dignidade e o respeito, valores que se adquirem em casa com os pais, somente são apreendidos de fato a partir de vivências reais. Como diz o velho ditado popular, "as palavras passam e os testemunhos arrastam".

Perguntava-me em silêncio como um pai poderia ensinar o filho a agir com ética, obedecer às leis e não cometer injustiças quando ele próprio sempre tentava levar vantagem de forma desleal, fazia uso indiscriminado de bebidas alcoólicas e infringia as regras de trânsito?

Como uma mãe poderia ensinar a filha a escolher com sabedoria seu futuro marido se ela mesma tinha relações sexuais casuais, assumindo o risco de contrair doenças e de engravidar acidentalmente?

Talvez todos os problemas comecem pelos maus exemplos dos pais, que, de forma inconsciente e irresponsável, afetam a formação da individualidade dos filhos, sendo capazes de fraturar suas vidas e dilacerar seus corações.

Duas semanas depois, no meio da noite, recebi uma ligação do Dr. Carlos solicitando desesperadamente a minha presença no pronto-socorro da Santa Casa. Quando cheguei, Pedro Henrique estava sendo atendido na emergência. Ele havia sido baleado por traficantes que cobravam a sua dívida.

Vendo que a situação era muito grave, agilizei o atendimento junto com os colegas médicos de plantão, levando-o rapidamente para o Centro Cirúrgico. Foi realizada cirurgia com sutura de lesões em alças intestinais, retirada do baço e drenagem do tórax esquerdo. Durante o procedimento, o rapaz teve uma parada cardiorrespiratória, mas conseguimos reanimá-lo com sucesso após alguns minutos. Já no pós-operatório, quando sua pressão arterial e todos os demais parâmetros se estabilizaram, ele pôde ser transferido para o quarto.

Durante as visitas, tive a oportunidade de me apresentar melhor e de conhecer um pouco mais o jovem que, apesar de apresentar alguns sintomas de abstinência, recuperava-se bem. No entanto, dava para perceber em seu olhar uma profunda e indecifrável tristeza.

Nas visitas seguintes, comecei a pedir que sua mãe, sempre ao lado da cama do filho, se retirasse do quarto por alguns minutos para que houvesse mais privacidade ao examiná-lo e para que pudéssemos conversar melhor.

Certo dia, enquanto auscultava seus pulmões, perguntei-lhe se tinha medo de morrer ou se por acaso se sentia preparado para isso. Sem me olhar nos olhos, ele me respondeu com um tímido "Não estou pronto para morrer". Perguntei se tinha consciência de que seu coração parara de bater durante a operação e de que quase morrera na mesa cirúrgica. Com os olhos arregalados de surpresa, preferiu não responder.

Sentei-me ao seu lado e disse que naquele dia ele havia ganhado um presente: a oportunidade de voltar à vida de uma forma diferente, como uma pessoa transformada, um ser humano melhor.

Quando algo tão importante assim ocorre na vida de alguém, uma graça acontece. Estabelece-se um marco temporal, onde todas as decepções do passado, os erros cometidos e as lembranças ruins não mais importam: merecem ser esquecidos e deixados para trás.

Uma experiência de quase morte é algo capaz de mudar a maneira como conduzimos nossa vida. Inúmeras histórias sobre esse assunto já foram contadas em livros, jornais e filmes, e são sempre envoltas pelo véu do mistério.

Segundo a ciência moderna, durante esses episódios incomuns, o corpo humano libera grandes quantidades de hormônios, como a noradrenalina, que trazem à tona imagens e sentimentos guardados nos recônditos da mente. Como em uma enchente, em segundos o cérebro é inundado de informações e lembranças de sensações, sons, luzes e cores.

Parece um filme sendo exibido em velocidade acelerada: podemos recordar momentos felizes e infelizes da infância, adolescência e juventude; podemos ver pessoas, parentes ou amigos que nunca mais vimos e que deixaram suas marcas; lembramos de situações há muito esquecidas e que, no entanto, fizeram diferença no curso de nossa história.

Muitos acordam dessa experiência assustados, enquanto outros despertam tranquilos e serenos. Alguns choram por semanas, outros descobrem um novo sentido para a vida.

Alguns testemunhos descrevem a experiência de quase morte como um "choque de alta voltagem na alma", que paralisa os sentidos e o tempo, reduzindo os acontecimentos a meros segundos. Os danos, as perdas, as alegrias e os sofrimentos são colocados na balança, e lá são analisados e julgados, sendo deixados no arquivo morto cerebral ou então deletados da memória para sempre.

Voltar à vida significa reiniciar os computadores cerebrais, recarregar e reorganizar as emoções que afloraram com a vivência dessa situação incomum. Abre-se à frente um novo volume do livro da vida, com todas as páginas em branco, onde se descortina a preciosa chance de se escrever com as próprias mãos um final feliz para a sua história.

Ninguém pode mudar o que aconteceu no passado, mas podemos decidir mudar o futuro. Afinal, não existe destino: somos todos filhos de um Pai que nos presenteou com o livre-arbítrio, torcendo para que o usássemos com sabedoria.

Então eu disse a Pedro que era hora de romper com as correntes que o prendiam ao passado, guardando na memória as lições que aprendera com seus erros e tropeços, com o objetivo de não repeti-los ao escrever as novas páginas do livro de sua vida.

Eu sabia que havia muito a ser deixado para trás: o vício, os amigos, as lembranças, os prazeres... Sabia também da dificuldade de encontrar forças para, sozinho, romper com velhos hábitos, lutar contra o desejo do corpo e da mente e começar a traçar uma nova trajetória.

Eu lhe assegurei que poderia contar comigo incondicionalmente, sempre que quisesse e precisasse. Eu estaria pronto para lhe estender a mão, agora não mais como médico, mas como um amigo verdadeiro que desejava sua felicidade acima de tudo.

Por experiência própria, eu conhecia a importância de não nos sentirmos sós nos momentos de sofrimento. Por isso sugeri que resgatasse a fé em seu coração, pois conversar com Deus nos acalma; sentir que Ele nos ouve nos consola; atender aos Seus sinais e desígnios nos fortalece.

Era hora de criar novos sonhos, pois sonhos velhos azedam com o tempo. Era o momento de vencer as barreiras de rancores e ódios antigos, enchendo o coração apenas com paciência, generosidade, perdão e amor.

Ao final, citei uma frase, de que gosto muito, de um autor desconhecido, que diz assim: "Deus não prometeu dias sem dor ou risos sem sofrimento. Prometeu força para o dia, conforto para as lágrimas e luz para o caminho."

Apenas uma semana após a alta hospitalar, ao abrir a porta do consultório para chamar a secretária, qual não foi o meu espanto ao deparar-me com o Dr. Carlos, a Dra. Tânia e Pedro Henrique sentados na sala de espera.

O rapaz, ainda andando com dificuldade e cheio de curativos, trazia nas mãos uma carta em que solicitava internação na instituição na qual sou voluntário. Abracei-o feliz e com força. Aliviado, sentia que ele não se perdera novamente. Optara pela esperança.

Pedro realizou todos os exames para admissão na instituição e, antes de se internar em uma unidade masculina em outro estado, fez um último pedido aos pais: que eles não o deixassem sozinho no processo de recuperação, que acompanhassem o grupo de apoio aos familiares e ex-dependentes e que reestruturassem suas vidas, preparando a casa e o coração para quando ele retornasse como um novo homem.

Nas reuniões semanais do grupo de apoio, Carlos e Tânia escutaram outras histórias, tão diferentes e ao mesmo tempo tão iguais às suas; emocionaram-se, choraram juntos e dividiram as dores dos outros como se fossem as deles. Partilharam experiências, angústias, dificuldades e dúvidas a respeito da restauração das famílias atingidas pelas drogas. A cada encontro, voltavam para casa mais leves, mais plenos de amor e repletos de esperança em dias melhores.

Eles aprenderam que a única herança real e duradoura que poderiam deixar para seus descendentes era o testemunho de integridade, dignidade, perdão e amor. Assim, abandonaram velhos e maus hábitos, retomando valores esquecidos e costumes que havia muito estavam empoeirados e guardados no passado.

A maior dificuldade que tiveram foi resgatar a espiritualidade. Acreditar em uma força maior, um Criador, um Pai que não nos abandona, era difícil após tantos anos distantes da fé. No entanto, pouco a pouco sentiram dentro de si a necessidade de se aproximar da religião e ouvir a palavra de Deus. Agora compreendiam que o caminho de recuperação que seu filho trilhava também era obra da misericórdia do Pai.

Um ano depois, Pedro Henrique saiu da Fazenda da Esperança carregando consigo amizades verdadeiras, novos ideais e a consciência de que nunca estaria curado, mas sim recuperado e atento aos desafios que o futuro lhe reservava. Estava repleto de amor, porque recebera o amor infinito que ainda não conhecia. O amor que tudo perdoa e que ele agora carregava em seu peito, pronto a compartilhar com seus pais.

"Somos atribulados por todos os lados, mas não desanimamos; somos postos em extrema dificuldade, mas não somos vencidos por nenhum obstáculo."

(2 Coríntios 4:8)

Na própria pele

"Vou estar presente aonde for
Em qualquer momento de desespero,
Em qualquer momento de solidão
No sorriso puro de uma criança ou num gesto livre de doação."

(Fábio Augusto, "Sair pelo mundo")

Em qualquer profissão, fazemos um esforço constante para controlar os sentimentos que inundam nosso coração. Preocupamo-nos em criar mecanismos de blindagem emocional, não permitindo que as sensações de perda paralisem ou prejudiquem nosso desempenho. É uma tentativa vã de obrigar o coração a pulsar somente em uma determinada direção, o que é no mínimo angustiante.

É difícil e – digo por experiência própria – praticamente impossível separar por completo a vida pessoal da profissional. Somos seres únicos e cada aspecto de nossa existência está unido por laços indissolúveis, como faces de uma mesma moeda, que, juntos, compõem a nossa individualidade.

O ato de enxergar no outro aquele que poderia ser você mesmo é ensinamento do Pai, quando nos diz "Amarás o teu próximo como a ti mesmo" (Marcos 12:31). Apesar de este preceito ser indiscutivelmente essencial na relação entre médico e paciente, não pode ser motivo de imobilização e descontrole diante de decisões que giram em torno da vida e da morte.

Testemunhar o sofrimento alheio inspira em nosso íntimo profunda compaixão. No entanto, ao presenciar a dor física e emocional de uma criança indefesa, esse sentimento brota de uma forma diferente e muito mais intensa.

Nos olhos expressivos e puros transparece um turbilhão de emoções que se resumem em uma única palavra: medo. Medo do desconhecido e do novo, medo da dor, dos estranhos que o rodeiam, de não poder mais brincar como antes... Medo por não compreender o porquê de tanto sofrimento.

Situações como essas nos levam a constatar as limitações do ser humano, assim como nos desafiam a aceitar os indecifráveis caminhos de Deus.

Acordei com o barulho. Eu não estava de plantão, por isso estranhei o toque do celular àquela hora da madrugada. Era o hospital me chamando em caráter de urgência a pedido do Dr. Jorge, meu grande amigo e excelente médico oncologista pediátrico. Ele necessitava de minha presença imediata para ajudá-lo no atendimento de uma criança diagnosticada com um tipo agressivo de linfoma, câncer que compromete os vasos linfáticos e que afeta diretamente as defesas naturais do organismo.

Quando entrei no quarto do hospital, vi deitada no leito uma linda menina de olhos amendoados e brilhantes, pálida e com visíveis olheiras escuras, que observava atenta aos pais e ao Dr. Jorge que conversavam em voz baixa ao seu lado.

Fui recebido pelos adultos com alívio e pela pequena Kelly com curiosidade. O Dr. Jorge me apresentou aos pais da menina, agradeceu minha presença e explicou em detalhes o histórico da criança de 8 anos, que já vinha sendo tratada do linfoma havia dois anos. Enquanto ele falava, sentei-me na cadeira vazia ao lado do leito, segurando e acarinhando a mãozinha tão pequena daquela criança.

Os pais contaram que o braço direito de Kelly ficara muito inchado e dolorido nas últimas seis horas, situação que vinha piorando de forma progressiva.

Senti que aquele casal tão jovem, contando menos de 30 anos de idade, tentava inutilmente aparentar calma. Eu havia me tornado pai tão cedo quanto eles e talvez por isso identificasse facilmente seu esforço em não deixar transparecer sua preocupação para a filha, que acompanhava cada palavra.

Após fazer algumas perguntas complementares, realizar o exame físico e um ultrassom vascular, constatei que provavelmente se tratava de mais um quadro de trombose venosa profunda, que poderia estar associada às alterações na coagulação do sangue que podem acontecer em alguns quadros de linfoma.

Com o diagnóstico definido, e sendo evidente o risco de o coágulo se deslocar para o pulmão ou outra área do corpo, concluí ser necessário começar a tratar Kelly com anticoagulantes imediatamente, assim como era imprescindível que fizesse repouso absoluto.

Em um local reservado do hospital, expliquei a situação aos pais, que receberam a notícia e autorizaram o tratamento com lágrimas nos olhos.

Era chegada a hora de explicar a situação para Kelly, que, apesar de tão jovem, compreendia melhor que muitos adultos o verdadeiro significado da dor e do sofrimento.

Nos últimos dois anos de sua vida, o tratamento do linfoma havia alterado completamente sua rotina de criança. O afastamento da escola e as idas e vindas ao hospital para realizar punções venosas e sessões de quimioterapia haviam se tornado um misterioso e confuso sacrifício, que ela se via obrigada a enfrentar.

Entrei de volta no quarto seguido por seus pais. Encontrei Kelly distraída e com o semblante triste, alisando os cabelos compridos de uma pequena boneca, talvez sonhando com o dia em que iria recuperar seus longos e lindos fios acastanhados, que não mais possuía.

Ver aquela cena me comoveu e me fez refletir sobre a importância da aparência física para uma mulher, independentemente da fase da vida em que se encontre. Desde a mais tenra idade, essas criaturas extraordinárias são bombardeadas pela sociedade com as exigências de um padrão de beleza, motivando-as a cultuar o corpo e se vestir como damas.

Os cabelos são uma das principais preocupações femininas, considerados moldura indispensável à valorização da obra de arte que é a face da mulher. Para elas, perdê-los tem um significado intenso, que evoca mutilação, desfiguração e desintegração da beleza e afeta profundamente a sua autoestima.

Pensando assim, é até desumano desvalorizar o impacto da perda dos cabelos para uma mulher. Mas é claro que um olhar sensível e atento é capaz de vislumbrar muito mais do que aparências. A força da vida, o fulgor da face e o brilho de um sorriso podem revelar a beleza naquilo que é invisível aos olhos, tornando a falta de cabelos um mero detalhe. Sentei-me em uma cadeira enquanto Kelly alternava o olhar de mim para seus pais, avaliando se eles estavam confiantes naquele novo e desconhecido médico.

Gosto muito de crianças e tenho facilidade de me comunicar com esses pequenos seres tão surpreendentes. Por isso fiquei à vontade para conversar longamente com a menina sobre a saudade que ela sentia de sua casa, de seus brinquedos e de suas amigas, sobre os filmes e desenhos que gostava de assistir, bem como as histórias que gostava de ouvir.

Foram momentos entremeados por seriedade e risadas, e chegamos à conclusão de que, apesar de ela ser criança e eu já ser "velho", nós dois tínhamos costumes e prazeres em comum. Disse que isso provavelmente acontecia porque, no fundo, o menino que fui um dia ainda morava dentro de mim, em algum cantinho do meu coração; e porque ela, quando também fosse "velha" como eu, ainda teria dentro de si um pouco daquela menininha que hoje via no espelho e que gostava tanto de brincar com a sua boneca.

Nesse clima tranquilo, expliquei de maneira bem simples por que seu braço estava tão inchado e disse que os exames mostraram ser necessário começar um novo tratamento para que ela pudesse sarar logo e voltar para casa.

Enquanto eu falava sobre a doença, ela não me olhava nos olhos: permanecia em silêncio fitando a boneca em suas mãos, enquanto tímidas lágrimas desciam pelo seu rosto, como uma confirmação sutil de que compreendera estar a caminho de mais uma provação.

Com uma voz fraquinha e engasgada, só perguntou se iria doer muito. Essa indagação doeu fundo em mim. Respondi que não, pois a medicação seria administrada junto com o soro que já estava conectado à veia do seu braço. Expliquei que após alguns dias ela passaria a tomar um comprimido e iria para casa.

Ela assentiu, prescrevi a medicação e me despedi, afagando sua carequinha e beijando sua testa. "Boa noite, menina. Amanhã cedo virei visitá-la. Quando você melhorar, seus cabelos irão crescer como os da Rapunzel e então você poderá penteá-los assim como faz hoje com os da sua boneca. Deus a abençoe, Kelly."

Fui para casa pensando que ninguém acredita que algo assim possa acontecer em sua família. O câncer não respeita endereço e invade lares inesperadamente, dilacerando almas, obrigando-nos a admitir que, apesar da evolução da ciência e da tecnologia, nem sempre podemos vencer nossas fragilidades e a finitude humana.

Dias se passaram e finalmente Kelly melhorou o suficiente para receber alta. Os dias se tornaram semanas, até que numa tarde recebi a visita dela acompanhada de seus pais. Pareciam felizes e confiantes. Fiquei contente em vê-los assim.

Após conversarmos bastante, darmos boas risadas e realizarmos a avaliação médica de rotina, atestei a melhora clínica do quadro de trombose. Pedi novos exames de sangue e disse que Kelly não precisaria voltar ao consultório quando seus pais viessem me entregar o resultado. Despedimo-nos entre sorrisos e promessas de nos encontrarmos em breve. A esperança voltara a brilhar para aquela família.

No entanto, poucos dias depois, seu pai me procurou sozinho, trazendo preocupação nos olhos e muitos papéis nas mãos. Ele me contou que o Dr. Jorge aproveitou que eu havia pedido os exames e solicitou também vários outros testes para acompanhar o andamento do linfoma.

Ao pegar o resultado, foram surpreendidos pela notícia de que o câncer de Kelly havia voltado, só que agora com mais intensidade.

O pobre homem desabou. Não suportava ver sua filhinha sendo vítima de uma doença tão impiedosa. Ele percebia que seus últimos fiapos de esperança se esvaíam e se sentia impotente diante de tanto sofrimento.

O câncer não consumia apenas a vitalidade da filha, mas de todos à volta dela – em especial a mãe, que mal conseguia comer e dormir. Apesar disso, ela se negava a perder as esperanças e passava horas em frente ao computador, procurando inutilmente qualquer informação que pudesse sinalizar a cura da doença.

Ouvi-o em silêncio enquanto ele desabafava toda a tristeza de seu peito. Minha mente voou para longe por alguns segundos, e então eu lhe disse que já tinha sentido na pele aquela mesma dor de pai.

Tem gente que acha que, porque sou médico, meus familiares e eu não temos problemas de saúde. Grande erro. Há seis anos, quando meu filho tinha apenas dez meses de idade, apresentou uma infecção grave de ouvido que evoluiu de forma inesperada e fulminante. Um dia, inexplicavelmente, ele perdeu a consciência, sua respiração ficou muito fraca e seu corpo ficou pálido e frio.

Minha esposa me ligou desesperada, dizendo estar indo às pressas para o hospital, pois ele não respondia a nenhum estímulo, permanecendo com os olhos abertos imóveis, sem piscar ou se mover. "Ele parece estar morrendo", disse ela em prantos.

Percebendo que a situação era gravíssima, pedi que outro médico me substituísse e fui correndo para o hospital infantil encontrá-los.

Cheguei lá antes deles, com o coração parecendo explodir no peito. Antecipando os problemas, preparei todo o corpo médico e a equipe de enfermagem para a chegada da emergência. Segundos depois, minha esposa parou o carro no meio da rua e desceu correndo com nosso filho nos braços.

Ela não exagerara. Imediatamente percebi que ele estava imóvel, descorado, com a temperatura corporal muito fria, os olhos abertos sem reação pupilar, frequência respiratória baixa e pressão arterial 60 por 40 mmHg, o que significava que o quadro bacteriano evoluíra para um choque séptico grave, isto é, a infecção já se tornara generalizada.

Por um momento esqueci que era médico. Depois de tantos anos de medicina, eu conseguia vislumbrar a sombra da morte pairando sobre meu filho. Eu não estava preparado para isso. Nenhum pai está.

Mas uma força dentro de mim me movia. Na sala da emergência realizei punções em seus braços, pernas e na jugular, enquanto os outros médicos administravam antibióticos de última geração, oxigênio, medicamentos vasoativos para regularizar a pressão sanguínea, corticoides e tantos outros. Ao mesmo tempo, outro grupo colhia sangue e retirava amostras do líquido espinhal, na tentativa de esclarecer a natureza da infecção.

Fiquei com o coração partido ao ver que minha esposa, também profissional da saúde, dera um jeito de entrar na sala e se postara na cabeceira da cama, alisando os cabelos do nosso filho e falando baixinho em seu ouvido enquanto lágrimas caíam de seus olhos já sem esperança.

Então, passados quase sessenta minutos de tratamentos intensivos, ele finalmente moveu um pouco as pernas e esboçou uma careta de choro, fechando os olhos e depois voltando à imobilidade. Foi o primeiro sopro de vida que percebemos, mas foi suficiente para nos agarrarmos à esperança com todas as nossas forças.

Sua pressão subiu um pouco e parecia estar se estabilizando. Inspirei aliviado, e somente então percebi que durante aqueles intermináveis minutos eu mal respirara de tanta tensão.

Os enfermeiros prepararam um leito no CTI infantil e ele foi transferido. Nosso filho ainda estava muito mal, e a pediatra intensivista, nossa amiga, disse que, se ele sobrevivesse, todos os anos teríamos que comemorar seu aniversário duas vezes, pois ele nascera de novo naquele dia. Mas ela nos preparou para o caso de ele ficar com sequelas, pois era impossível mensurar quanto seu pequeno organismo havia sido prejudicado pela doença. Suas palavras gelaram o meu coração.

Já era noite. Com o quarto envolto na penumbra e em silêncio, eu e minha esposa nos abraçamos e choramos juntos. Comecei a cantar baixinho uma canção que diz assim: "Eis o que eu venho Te dar, eis o que eu ponho no altar, toma Senhor que ele é Teu, meu coração não é meu." Naquele momento, a única coisa que podíamos fazer pelo nosso filho era orar e entregá-lo ao Pai, para que cuidasse dele como Seu filho querido. A dor nos apertava o peito, sentíamos um vazio embaixo dos pés e muito medo de perdê-lo. Não dormimos durante a noite toda.

No outro dia de manhã, meu filho abriu os olhos e pareceu reagir a alguns estímulos. Os dias se sucederam e ele pouco a pouco se recuperou. Quando quis brincar no leito do hospital, recebeu alta: sinal de que já estava bem. Com alívio, percebemos que não ficara com qualquer sequela, o que era um milagre, dadas as proporções de sua doença.

Depois de tudo que vivemos, o que ficou foi uma imensa gratidão por cada segundo que dividimos, um enorme respeito pela vida e pelo sofrimento daqueles que veem seus parentes doentes, e um fortalecimento inacreditável do amor que nos torna uma família. Hoje sinto que o sofrimento nos deixou mais unidos, o que é uma prova incontestável do amor profundo que existe entre nós.

Após partilhar minha experiência com aquele jovem pai, aconselhei-o a levantar a cabeça, enxugar as lágrimas, voltar para casa e aproveitar cada minuto ao lado da filha, nunca desistindo de lutar, mesmo que parecesse impossível superar a doença. Afinal, ela não tinha mais ninguém além deles que lhe inspirasse esperança de viver e vencer.

Além disso, apesar de saber que ele e sua família não cultivavam nenhum tipo de espiritualidade, orientei que voltassem seu coração para Deus e, juntos, rezassem para que o Pai olhasse para Kelly com todo o carinho, cuidando daquela criança na palma de Sua mão. Insisti que orassem pedindo que ela não sofresse e que aceitassem o agir de Deus, já que Seus caminhos são incompreensíveis para nós.

Ainda chorando e muito abatido, o pai agradeceu pelo momento de intimidade e apoio e, respirando fundo, concordou que não podia desistir. Despediu-se com um longo abraço – um abraço de alguém que abriu seu coração. Ele saiu do consultório com uma chama de esperança acesa em seu olhar.

Algumas semanas se passaram e Kelly foi internada novamente. Pediram-me que acompanhasse seu atendimento, embora ela não apresentasse nenhuma doença vascular evidente. Infelizmente, o linfoma estava incontrolável e ela piorava dia após dia, apesar de todos os tratamentos de alta complexidade aos quais estava sendo submetida.

Então, em uma madrugada, fui acordado pelo telefonema de uma enfermeira dizendo que Kelly não resistira e falecera. Não me surpreendi com a notícia, pois o pequeno corpo da menina já não respondia à quimioterapia e aos medicamentos. Quando saí do hospital naquela tarde, já imaginava que seria uma questão de horas. Por isso conversei longamente com seus pais, tentando prepará-los para o inevitável: o momento em que Kelly descansaria em paz.

Trocando de roupa para me dirigir ao hospital, pensei em como é impossível para um pai superar esses sentimentos de impotência e falibilidade. Parei na porta do quarto do meu filho e um frio na espinha me fez lembrar de que ele poderia não estar ali... assim como Kelly.

A caminho do hospital, lágrimas escorriam de meus olhos. Imaginei o sofrimento daqueles jovens pais e pensei em quanto é difícil aceitar a dor da perda de um filho. Arrisco dizer que não há agonia maior. Essa ferida na alma cicatriza lentamente e deixa marcas profundas. Mas elas podem ser transformadas em gestos de solidariedade, traduzindo em ações todo o amor que carregamos no peito, como uma homenagem àqueles que amamos e que se foram.

O mundo nos obriga a vencer desafios diariamente. Gastamos grande parte de nosso tempo nos preocupando com obrigações profissionais e compromissos com os outros. Isso não deixa de ser importante, de certa forma. O problema é que muitas vezes nos esquecemos de devotar a devida atenção às pessoas que mais amamos e que estão em casa, aguardando pacientemente que lhes voltemos o olhar e lhes estendamos a mão. Ao assistir ao filme *Corajosos*, tive a oportunidade de refletir sobre esse assunto e me emocionei muito com a história. Ela reflete justamente essa questão.

Sem perceber, acabamos não priorizando nem valorizando os momentos de espontaneidade e carinho em família, pois sempre encontramos algo mais importante que precisa e deve ser feito primeiro. "A família entende e pode esperar..."

Mas será certo agir assim? Precisamos lembrar que o tempo passa, as oportunidades se esgotam, nós envelhecemos, os filhos crescem e, em algum momento dessa história, uma tragédia pode sacudir nossas vidas e colocar as coisas nos seus devidos lugares.

Infelizmente, muitas pessoas só param para pensar em suas atitudes quando isso acontece. Somente então se perguntam o que poderiam ter feito diferente e passam a enxergar com clareza o que de fato importa. Só assim veem quanto tempo desperdiçaram tentando "ganhar dinheiro e comprar coisas de que não precisavam, para agradar e impressionar pessoas que não são importantes em sua vida", como disse o ator americano Will Smith.

Nesses momentos de sofrimento nos quais as coisas parecem se aclarar percebemos e sentimos a urgência em nos aproximarmos de quem amamos e reforçarmos a nossa fé.

A fé é colocada à prova quando as perdas são irreversíveis, mas nesses casos a única saída é confiar nos desígnios de Deus e deixar o lado racional em segundo plano. Ao testemunhar a cruz que aquela família carregaria dali em diante, minha fé falou mais alto e meu pensamento se elevou a Deus. Agradeci ao Pai pela minha família e pela Sua presença em cada singelo acontecimento de nossos dias. Agradeci pelos pequenos e grandes detalhes do cotidiano que se transformam no milagre de viver!

"Aquele que se fizer humilde como esta criança será maior no Reino dos céus."

(Mateus 18:4)

A cura pelo invisível

"Somos os raios de um mesmo sol,
Raios de uma mesma luz.
Luz que se alimenta da fé que nos sustenta
e do amor que nasce de Jesus."
(Fábio Augusto, "Raios de uma mesma luz")

Ver para crer. A maioria das pessoas não segue essa premissa quando se trata de suas crenças. Todos nós somos guiados pelas coisas que amamos, acreditamos e precisamos. Apesar dos apelos materiais desse mundo globalizado, sentimos a religiosidade apontar para o que está acima do entendimento, para a busca do sagrado e para a retomada da fé, na esperança de que o estreitamento dos laços entre o humano e o divino nos permita compreender o mundo e a nós mesmos.

Existem muitas crenças diferentes e até divergentes entre si. No entanto, todas elas possuem pontos em comum, como a busca pelo aperfeiçoamento humano como caminho para a salvação espiritual e o amor ao próximo como meio de se aproximar de Deus.

Na prática, algumas religiões pregam o preconceito e a discriminação, que pode se manifestar na forma de violência, conflito e intolerância. Em nome de Deus, muitos agem de forma ofensiva, traindo princípios e valores.

As diferenças sempre existiram e sempre existirão. Convém a nós aprendermos com elas, convivendo com o outro e primando pela tolerância e pelo respeito mútuo.

Assim é também na medicina. Métodos complementares de tratamento – chamados por alguns de medicina alternativa por se basearem em princípios não tradicionais – surgem na tentativa de unir ciência e fé, sugerindo que a cura espiritual é um caminho para a cura dos males do corpo.

É curioso como essas vertentes alternativas, atreladas ou não à religião, são especialmente procuradas quando a medicina tradicional não acena com solução e a doença passa a ser fonte inesgotável de sofrimento.

Quanto a esse assunto, a Organização Mundial de Saúde reconhece a existência de tratamentos médicos alternativos, mencionando, no entanto, que estes somente podem ser considerados e prescritos quando apresentarem eficácia, indicações e segurança comprovadas cientificamente.

Infelizmente, movidas pela dor e pela emoção, muitas pessoas se tornam suscetíveis a falsas promessas de cura que, na verdade, não tem nada de tratamento alternativo. Alguns desses procedimentos de natureza não ética são mero artifício de oportunistas que tentam tirar vantagem financeira da boa-fé dos outros, da falta de informação e da fragilidade humana.

Nesses casos, a busca da tão desejada cura pode acabar em prejuízos irrecuperáveis para a saúde. Portanto, todo cuidado é pouco. É indispensável procurar informação em fontes confiáveis para fugir dessas armadilhas.

No entanto, não há como negar que existem casos que apresentam resultados positivos imprevisíveis e, às vezes, impossíveis de ser explicados pela ciência. Muitos justificam isso como sugestão inconsciente de cura, somatizada no plano físico.

Então me pergunto: quem somos nós para questionar o poder da fé de uma pessoa? A fé que move montanhas, que transforma realidades e transcende o entendimento torna-se, para os que creem, um lampejo das coisas que não se veem, um sinal da existência e do poder do sagrado em suas vidas.

Como médico, acredito que, desde que os procedimentos alternativos não representem risco à integridade física e moral do paciente, os profissionais de saúde devem enxergá-los não como um mal a ser combatido, mas como uma forma de compreender melhor a realidade física, mental e espiritual dos pacientes.

A sabedoria cresce na mesma proporção em que a mente se abre para novas ideias e para o conhecimento da vida, livre do preconceito diante do que é novo e do que ainda não compreendemos.

Como disse o filósofo e religioso Santo Agostinho, "não queiras entender para crer; crê para que possas entender. Se não crês, não entenderás. A fé precede, o intelecto segue".

Quando dona Eunice chegou ao meu consultório, sentou-se no sofá da sala de espera e imediatamente retirou da bolsa um cachecol ainda em fase de confecção, que rapidamente tomava forma em suas mãos hábeis e calejadas pelo tempo e pelo tricô.

Após alguns minutos, chamei-a para a consulta e ela, sem delongas e com olhar decidido, contou ter me procurado por causa das feridas dolorosas que haviam surgido na perna esquerda e que vinham atrapalhando seu dia a dia.

Apesar de estar com mais de 80 anos, ela esbanjava vitalidade. Fazia ginástica todas as manhãs ao ar livre, "em contato íntimo com a Mãe Natureza". Depois voltava para casa, tomava um banho e ia para o jardim cuidar das plantas. Bromélias, rosas, orquídeas e hortênsias faziam parte de sua floricultura particular. Gostava de acariciar as flores e cantar para elas; pois assim "elas desabrochavam com mais beleza e perfume". Pensativa, acrescentou que um afago e palavras gentis também fariam a diferença na vida de muitos carrancudos que conhecia, fazendo-os desabrochar para a vida com mais alegria, assim como acontecia com suas plantas.

Surpreso com a colocação inusitada, pensei na sensibilidade daquela mulher, que em tão poucas palavras dizia tanto; sabedoria que refletia a realidade de muita gente, inclusive a minha.

Assim como você, conheço muitas pessoas que vivem de mal com a vida e que, envenenadas pelo pessimismo e pelo mau humor, perdem de vista a sua essência. Tornam-se incapazes de amar por inteiro e afastam de si todos que lhe querem bem. Deixam de caminhar na mesma direção daqueles que amam, sem perceber que o apoio, o carinho e o acolhimento do outro são o primeiro passo em direção à restauração da harmonia.

Viúva há vinte e cinco anos, dona Eunice ainda guardava a foto do marido na carteira e a esperança de um possível reencontro no coração. Viveu com ele por quarenta anos, amando-o e respeitando-o. Com olhos brilhantes, ela me contou que tinha sete lindos filhos, dezenas de netos e bisnetos que preenchiam o vazio que a ausência do marido deixara.

Não frequentava nenhuma igreja, o que não a impedia de acreditar firmemente em Deus e de se considerar religiosa, mas "sem exagerar na dose", acrescentou, sorrindo. Era Ele quem a inspirava e colocava em sua boca palavras de amor e sabedoria no momento certo.

Quase todas as suas tardes eram dedicadas ao trabalho voluntário em instituições de caridade, não importando se eram ligadas a alguma religião ou não. Fazia apenas questão de que fossem altruístas, sem fins lucrativos e prezassem a dignidade de cada ser que os procurasse.

Ouvindo-a falar sobre como a dedicação a essas instituições era importante em sua vida, pensei em mim e em quanto o voluntariado representava na minha.

Hoje, "ser voluntário" já faz parte de quem eu sou. Nas obras sociais em que atendo como médico, ofereço o que tenho de mais precioso: conhecimento, experiência e o mais difícil e sacrificante no meu caso: tempo. Em tantos anos de serviço comunitário, aprendi que ser voluntário não é status nem título. É um compromisso que exige responsabilidade e regularidade, abraçando com amor a missão de servir ao próximo como gostaríamos que fizessem conosco, independentemente das diferenças sociais, de raça ou de credo.

Ser voluntário implica a opção de ser agente de transformação social, atuando sempre de forma ética e sem outra vantagem a não ser o prazer de vislumbrar sorrisos onde antes somente havia lágrimas. É fazer transbordar para todos os fragilizados pelos desencontros da vida o amor que carregamos no peito.

Com sua voz vibrante, dona Eunice continuou a me contar sobre sua rotina, confessando que nos fins de semana tornava-se uma pé de valsa. Reunia-se com as amigas nas festas do clube da melhor idade, esbaldando-se, divertindo-se, dançando e, por que não, tomando um pouco de vinho. "Ninguém é de ferro, não é, doutor?"

Eu permanecia sorrindo em silêncio, atento a cada palavra, impressionado com a força de vontade e o espírito decidido daquela incansável senhora, que não abria mão de seus prazeres mesmo quando a idade apontava na direção contrária. Ela conseguira algo precioso: aprendera a envelhecer mantendo o colorido da vida, sem deixar que a felicidade desbotasse com o passar do tempo.

Infelizmente, tantas pessoas ficam paralisadas pela idade e vivem uma existência em preto e branco, onde o cinza sem vida da rotina vazia se reflete no avançar dos ponteiros do relógio, que impiedosamente os fazem acreditar que os minutos, as horas e os dias são sempre iguais.

Parabenizei-a pelo seu testemunho, dizendo que vários dos pacientes idosos que me procuravam não eram capazes de seguir seu exemplo e afastar de sua vida o desamparo, a solidão e a tristeza que os invadia. Eu via que ela conseguira preencher as lacunas em seu coração com atitudes voltadas não apenas para si mesma, mas também para os outros. E o equilíbrio dessas duas vertentes a tornara a pessoa feliz e realizada que ela havia se tornado.

Mas num determinado momento ela disse que nem tudo eram flores e que sofria bastante com dores crônicas na coluna devido aos seus bicos de papagaio, além de alterações nos ligamentos dos joelhos, degenerações nas patas de ganso e esporões de calcâneo que insistiam em fazer seus calcanhares doerem justamente quando a festa estava ficando boa.

Em tom descontraído e bem-humorado, respondi que seu caso extrapolava a minha competência. Disse que era necessário que ela procurasse uma inspeção urgente com o Ibama, pois suas complicações estavam atingindo a esfera animal. Ela explodiu em gargalhadas, surpresa com a brincadeira.

Gracejos à parte, perguntei-lhe sobre as feridas que havia mencionado no início da consulta. Afirmando ser esse o seu principal problema, ela me contou que tudo começara algum tempo atrás, quando sua perna esquerda foi picada por um mosquito.

A princípio não dera atenção ao fato, mas depois surgiu uma infecção no local, apresentando edema (inchaço), vermelhidão e aumento da temperatura na região. Ou seja, o ferimento evoluiu para uma erisipela, alastrando-se rapidamente. Essa infecção compromete os vasos linfáticos, que, junto com as veias e artérias, são responsáveis pelo sistema de circulação sanguínea do corpo.

Ela não seguira as recomendações do médico do posto de saúde, o que fez com que o quadro fosse piorando pouco a pouco. Surgiram então outras feridas, rachaduras e bolhas na pele da perna doente, além de aumento significativo do inchaço, e por isso havia recomeçado o tratamento, levando-o a sério dessa vez.

No entanto, mesmo medicada com antibióticos, as feridas insistiam em reaparecer e o inchaço da perna tornou-se permanente, a ponto de dona Eunice ter dificuldades até para calçar o sapato.

Após o exame físico, expliquei que seus sintomas eram uma complicação das erisipelas e de infecções anteriores. Sendo assim, faríamos um tratamento clínico associando comprimidos para favorecer a circulação e diminuir o inchaço, antibióticos, cuidados tópicos e fisioterapia. Além disso, era preciso usar hidratantes especiais para sua pele fina e frágil. Mas adverti que não havia milagres: para o sucesso do tratamento, ela precisaria seguir todas as minhas recomendações à risca.

Sem saber qual seria a minha reação, ela se desculpou e disse que quando sua pele ficava muito vermelha e com coceiras recorria a uma benzedeira. Após realizar algumas orações, ela receitava um preparado caseiro para colocar sobre a ferida e não cobrava nada pela orientação. Dona Eunice seguia fielmente a receita à base de ervas do campo, como camomila e arnica, e algumas hortaliças cozidas em fogo brando.

Bastante animada, ela enalteceu as habilidades da benzedeira, dizendo que muitas de suas amigas haviam obtido resultados extraordinários somente com as orações e as receitas caseiras prescritas pela mulher.

Parecendo visivelmente preocupada com a minha opinião, ela perguntou se eu me incomodaria se ela continuasse frequentando a benzedeira se seu quadro piorasse ou não se modificasse, já que ela sentia enorme alívio com as orações e o preparado de ervas.

Por um segundo minha mente divagou e me lembrei de alguém muito especial em minha vida. Minha avó Maria não tinha estudo e se casou cedo. Seu olhar doce e seu jeito carinhoso e determinado conquistaram meu avô e todos que a conheciam.

Ela tinha o dom de acolher e ajudar pessoas que a procuravam em busca de alívio para os seus problemas físicos, emocionais e espirituais. Tendo por crença o espiritismo, era considerada médium e suas habilidades intuitivas auxiliavam-na nessa missão.

Desde criança, impressionado e surpreso, eu acompanhava o estranho vaivém de pessoas que batiam palmas no portão procurando pela Vó Maria. Eu não tinha conhecimento de mundo suficiente para compreender o que via e ouvia, mas sabia que aquilo tudo era real. Minha avó sabia lidar com os sofrimentos, perdas e principalmente com as desesperanças das pessoas diante das doenças do corpo e da alma.

Vi passar pela casa dela gente de várias classes sociais, nacionalidades, sexos, idades, raças e religiões, e todos eram recebidos com um abraço caloroso e um sorriso nos lábios.

A perda de um ente querido, um problema familiar que tirava a paz, um bebê recém-nascido que inexplicavelmente chorava sem parar... Eram inúmeros os casos, cada qual com sua particularidade, mas todos tendo em comum o sofrimento e a necessidade de uma palavra de consolo.

Minha avó agia com simplicidade, orando e impondo as mãos sobre aquele que a procurava, pedindo uma bênção ao Senhor em favor daquele que sofria, sugerindo um chá de ervas combinadas ou um medicamento natural. Coisas simples, mas significativas para aqueles que têm fé.

Ela nunca cobrou por sua benevolência e não recebia um único centavo para atender as pessoas, pois dizia que o que Deus nos dá de graça deve ser devolvido aos nossos irmãos, auxiliando-os no alívio do sofrimento e da frustração frente às mazelas da vida.

Ela ganhou, isso sim, muitos amigos. Amadrinhou várias crianças, foi convidada para inúmeros casamentos e compareceu a diversos velórios. Tornou-se parte importante da vida de muitos que compartilharam com ela seus sonhos, lágrimas e sorrisos.

Misticismo, sugestão do inconsciente, transmissão de energia ou ilusão? Não importa qual seja a resposta, o que eu via na casa da minha avó era explicado por uma pequena palavra: fé.

A fé da minha avó transbordava para todos que a cercavam, contagiando-os e inspirando-lhes coragem, força e amor. Era a mesma fé capaz de mover montanhas, de multiplicar a força de uma mãe quando precisa salvar um filho ou de recuperar uma pessoa de uma doença incurável. A fé não tem explicação – ela é simplesmente a mola mestra e propulsora da esperança que não desiste de lutar.

Acredito que existam pessoas bem-intencionadas como minha avó, que praticam a fé de forma simples e desinteressada, independentemente da religião. No entanto, não há como negar que há gente que, movida por intenções duvidosas, manipula e engana, usando de charlatanismo e usurpação.

Minha avó morreu pobre, sem nenhum bem material. No entanto, deixou um tesouro para seus descendentes. Seu valor não pode ser mensurado nem traduzido em palavras, e foi ele que inspirou minha trajetória e meu desejo pessoal de curar e servir.

Após esse lampejo de memória, voltei a falar com dona Eunice, dizendo que eu não via problema em manter o tratamento complementar se ela tivesse fé no resultado. Mas não pude deixar de preveni-la: como sua pele era frágil e fina, eventualmente poderiam surgir processos alérgicos, o que exigiria a suspensão imediata de qualquer procedimento alternativo.

Eu lhe disse que não deveria interromper em hipótese alguma o tratamento que eu estava recomendando e que, se fizesse tudo certo, provavelmente seu quadro evoluiria bem. Porém, no caso de qualquer problema, deveria retornar ao consultório para tomarmos as providências necessárias.

Suspirando aliviada, era perceptível a satisfação da dona Eunice com a minha atitude complacente. Senti, inclusive, que isso reforçava sua confiança em minhas orientações. Afinal, ela entendia que eu, apesar de médico, tinha respeito por suas crenças, pela cura por meio da fé e por aquilo que é invisível.

Ela acreditava. Ela precisava acreditar. Sentia a necessidade de buscar o Sagrado pulsando dentro de si. Então deveríamos aproveitar essa energia em favor da sua cura, independentemente da minha opinião pessoal sobre o assunto.

Amadureci dentro de mim a fé que professo e hoje compreendo e defendo que as divergências filosóficas e religiosas não podem ser barreiras entre as pessoas. Afinal, não somos e nunca seremos iguais nos planos físico, mental ou espiritual.

Em cada descoberta do homem, verifica-se a aproximação da ciência e da fé, sugerindo que os milagres existem e que o Sagrado influencia diretamente nossa vida.

Vejo as religiões como os rios do planeta Terra: fluindo repletas de fé e convergindo para um oceano de Amor, que muitos chamam de Deus. Deixemo-nos levar pela correnteza dessas águas e desaguar no oceano do Sagrado em nossas vidas.

"A fé é a certeza daquilo que ainda se espera, a demonstração de realidades que não se veem."

(Hebreus 11:1)

O ninho vazio

"Chega de chorar, chega de sofrer,
Você não merece viver desse jeito.
Chega de chorar, chega de sofrer,
Você tem direito de pensar em você."
(Fábio Augusto, "Marcas da vida")

De uma coisa não tenho dúvidas: fomos criados para amar e ser amados. A beleza da vida e a felicidade que buscamos estão intimamente ligadas ao encontro e exercício desse amor, seja ele o Amor Eros, o Amor Filios ou o Amor Ágape – amor físico, amor amigo ou amor caridade.

Pensa pequeno quem, ao falar em amar, reduz esse verbo à perspectiva romântica. É mais do que isso: é verbo transitivo. É ação que acontece a partir da emoção que brota no coração e que se volta para algo ou alguém, exprimindo seus sentimentos mais profundos e todos os ideais que movem o seu ser.

Por outro lado, no aspecto romântico, é o encontro de almas que, em sintonia, constroem a felicidade recíproca. É sentimento que amadurece com a convivência e se consolida com o tempo à custa de renúncia, perdão, compreensão, cuidado e principalmente respeito.

Motivados pelo desejo de ser amados, desbravamos os medos da entrega e harmonizamos nossa vida com um companheiro de viagem, partilhando emoções, moldando sonhos e gestando vidas, aceitando construir uma nova família a partir de promessas de amor eterno.

A fidelidade, maior expressão e testemunho de amor, verdade, responsabilidade, coragem e determinação, torna-se escudo e espada na difícil tarefa de nos manter distantes dos apelos e tentações do mundo moderno. Não podemos nos esquecer do alimento espiritual nesta longa e sinuosa estrada chamada casamento: a fé que carregamos no peito, responsável por fortalecer os laços invisíveis que unem a dimensão humana e sagrada da família. Estão enganados aqueles que não valorizam a família e a deixam à margem, tratando-a como um relicário de valor duvidoso.

No percurso da vida a dois, a frieza, o distanciamento e a dificuldade de administrar os problemas são capazes de deteriorar o relacionamento, fazendo com que o casal tropece em conflitos e se perca em meio às desavenças.

É triste ver que alguns casais acabam por jogar a toalha ainda no primeiro *round* e aceitam a separação como a melhor saída, rompendo vínculos tão facilmente. Nessa batalha, é necessário insistir em nome do amor até o último minuto, e, se houver derrota, que seja por nocaute.

Muitos desses casais se esquecem de que nessa batalha estão envolvidas também criaturas indefesas que marido e mulher decidiram gerar e educar juntos, e por cuja felicidade prometeram lutar incondicionalmente. Posso afirmar sem medo de errar que não há remédio suficiente e eficaz para aliviar a dor que um filho sente quando os pais não se respeitam e não se amam mais.

Maria da Graça entrou na sala no meu consultório com um olhar desconfiado. Estacou na porta e me perguntou, surpresa: "O senhor que é o médico? Imaginei encontrar alguém com cabelos brancos e rosto enrugado."

Sorrindo sem jeito, afirmei que entenderia seu comentário como um elogio e não como crítica, enfatizando que se ela olhasse com mais atenção seria capaz de enxergar meus cabelos começando a denunciar a idade que avançava. Ela também sorriu e, tentando se emendar, acrescentou que preferia ser atendida por médicos "novos", pois os "velhos" não queriam saber de estudar e de se atualizar.

Fiquei indignado, mas me calei. Estender aquele assunto seria muito desconfortável para mim. E foi assim que, com opiniões tão diferentes, comecei a consulta com a Sra. Maria da Graça.

Ela se acomodou na poltrona e disse que sentia muito cansaço nas pernas, além de ter pequenos vasos sanguíneos dilatados que a incomodavam, principalmente quando usava saias ou vestidos. Como sua pele era muito branca, os vasos se tornavam mais evidentes e por isso ela tinha tanta vergonha.

No exame clínico, notei pequenas varizes avermelhadas e arroxeadas que, por suas características, descartavam a necessidade de cirurgia, sugerindo o tratamento por escleroterapia, popularmente chamada de sessões de aplicação.

Maria da Graça pareceu relaxar e iniciamos os procedimentos. Como havia muitas varizes em ambas as pernas, as sessões se sucederam com frequência; então aos poucos fomos nos conhecendo melhor.

Durante as sessões de escleroterapia, concentro-me na delicadeza do procedimento; por outro lado, os pacientes costumam se sentir à vontade no ambiente agradável e silencioso da sala de atendimento e estranhamente iniciam o que mais parece um monólogo, discorrendo sobre suas preocupações, desejos e os mais variados assuntos.

Maria da Graça, chamada pelos amigos de Gracinha, era uma mulher obstinada, que aparentava força e determinação. Casou-se aos 22 anos com seu segundo namorado, após quatro anos de um sólido namoro.

Após vinte e cinco anos de casada, agora amargava a recente separação devido a traições e desentendimentos com o marido. Aquele que antes a presenteava com promessas de amor eterno, elogios e flores, a trocara por uma mulher vinte anos mais jovem e que poderia ser sua filha.

Gracinha falava do marido com os olhos inflamados de raiva não digerida, ao mesmo tempo que deixava transparecer em seu discurso uma tentativa de compreender o porquê de aquele tsunami ter invadido a sua vida.

Ela contou que tudo parecia ir bem: ele tinha um emprego promissor e um ótimo salário; ela, professora dedicada e com um currículo invejável, não media esforços para demonstrar sua competência no trabalho.

Em silêncio, reparei que o que ela definia como "tudo parecia ir bem" se restringia apenas ao plano profissional, e pensei em quantas pessoas eu conhecia que definiam a si mesmas apenas pelo trabalho que exerciam, e não pelas pessoas que de fato eram.

Segundo ela, as coisas começaram a complicar quando os filhos eram adolescentes. O marido ausentava-se cada vez mais em função do trabalho, na tentativa de galgar ascensão financeira e social. Enquanto isso, Gracinha dividia sua atenção entre o lar, o trabalho e, por último, o marido – isso quando havia tempo.

Apesar do empenho em manter o equilíbrio familiar, Gracinha viu seu relacionamento afetivo esfriar gradativamente: não encontravam tempo para saírem juntos, conversavam cada vez menos ao final do dia, quando, já cansados, tentavam apenas resolver as urgências do dia seguinte, sem ânimo para troca de carinhos e muito menos para o relacionamento íntimo entre quatro paredes.

Passou pela minha cabeça que aquele casal havia perdido a referência. O diálogo, o toque e a expressão corporal são escolas que nos ensinam a conviver com as diferenças e discernir as atitudes que constroem e destroem o casamento. São também o combustível que nutre a certeza de amar e ser amado, sendo o respeito e a gentileza o óleo que lubrifica as engrenagens da máquina do relacionamento.

Assim, os primeiros sinais da degeneração do casamento começaram a aparecer e se agigantar: o marido tornou-se aos poucos arredio e distante; a esposa, amarga e crítica. As brigas e discussões foram tomando o espaço dos diálogos. Logo se transformaram em monólogos, onde um acabava por se calar, indiferente. Enfim, prevaleceu o silêncio, pois não havia mais o que ser dito diante dos conflitos que vivenciavam.

A acomodação prevaleceu e tudo se manteve inalterado por anos. Quando os filhos entraram na faculdade e saíram de casa, a situação se tornou insuportável. Como estranhos convivendo sob o mesmo teto, as alianças foram perdendo o brilho e, frágeis como porcelana, acabaram em pedaços. O ninho construído no amor tornara-se vazio e insípido na dor, sem chances de um recomeço. Veio a separação e em seguida o rompimento definitivo do marido com a família.

Maria da Graça demorou as seis sessões do seu tratamento para me contar com detalhes todo o seu sofrimento, que hoje se manifestava como apatia, desinteresse pela vida, tristeza profunda, irritação, insônia, além da obesidade que se instalava como alternativa para preencher o vazio que sentia dentro de si.

Na última consulta, ela chorou. Apesar de saber que eu não era psicólogo nem terapeuta familiar, perguntou o que eu achava da situação.

Eu não era a pessoa indicada para orientá-la a respeito, mas expliquei que, durantes os momentos de crise, devemos repensar com sinceridade nossas atitudes, abandonar a posição de vítima e assumir nossas responsabilidades, para então, fortalecidos, virarmos a página e seguirmos em frente.

Sei que a traição é uma das mais avassaladoras dores emocionais que um casal pode experimentar. A decepção e a mágoa dominam os sentidos quando a fidelidade não é recíproca, e se abre no coração do traído uma ferida infectada pelo ódio e pela tristeza, que, pouco a pouco, acaba por envenená-lo por dentro.

A depressão, o desejo de vingança, a humilhação de ser "trocado" por outra pessoa e o constrangimento dão ao traído a sensação de frustração por ter construído sua felicidade em cima de uma mentira.

Muitas vezes criamos histórias em nossa mente, distorcendo a realidade a partir de nossa própria perspectiva. Então perguntei a ela: será que, se eu ouvisse o depoimento de seu ex-marido, ele contaria essa história da mesma forma? Ela se calou.

Quando estamos casados, muitas vezes achamos que somos donos da verdade e que "possuímos" o outro. Mas, no amor, ninguém é dono de ninguém. Permanecer em um relacionamento é questão de escolha e compromisso. É preciso cuidado constante na construção diária da vida a dois, pois, como em uma casa, a falta de zelo faz com que o pó do dia a dia se acumule e ofusque o brilho do relacionamento.

Há uma parábola que compara os relacionamentos com areia e mostra que nossa forma de segurá-la determina se ela permanecerá conosco ou não. Se, na tentativa de reter a areia, fecharmos a mão com muita força, os pequenos grãos escorrerão por entre nossos dedos. Por outro lado, se não tivermos o cuidado e a preocupação de manter a areia nas mãos e as abrirmos demais, os grãos se esvairão com o vento.

Em outras palavras, é preciso sabedoria para administrar a convivência, principalmente durante as tempestades, não perdendo de vista o respeito e o afeto. Vale citar aqui a frase de um autor desconhecido, que diz: "Não é o amor que sustenta o relacionamento, mas o modo de se relacionar é que sustenta o amor." Quem ama de verdade se importa com o outro e luta pela felicidade do companheiro. Dessa forma, seus atos de renúncia se tornam leves e não são vistos como sacrifícios.

A palavra latina "concórdia", que significa "com o coração", traduz o esforço necessário de ambos em buscar o entendimento e a paz, a conciliação de sentimentos e de vontades. A comunicação verdadeira permite esse milagre, que brota da razão e repousa delicadamente na emoção.

A concórdia somente descansa no coração dos que se entregam com humildade à aceitação de suas falhas pessoais; compreendem os limites do outro; aceitam que não existe o casamento perfeito, mas sim o casamento possível; e, enfim, aprendem que, apesar das diferenças no sentir, falar e agir, quem ama está sempre disposto a ir mais além do seu mundo pessoal, vencendo o egoísmo e o orgulho que teimam em invadir a relação. Nessa busca incessante, o amor não se consome nem desgasta: quanto mais se dá, mais se tem, como disse Saint-Exupéry.

Como um pássaro só é capaz de alçar voo graças à força e à sintonia dos movimentos de suas duas asas, assim é também com o amor, onde ambos, marido e mulher, canalizam seus esforços na mesma direção. É a reciprocidade do amor sincero que faz o relacionamento decolar, nos inunda de felicidade e nos torna cúmplices na jornada da vida. Já o amor unilateral é incompleto, insatisfeito, fadado ao rancor, ao insucesso e à infelicidade.

Então, nessa viagem em meio a tantos sentimentos de amor e dor, chega o instante crucial em que nos questionamos: como fomos capazes de deixar tudo se perder e chegar a esse ponto? Faltou diálogo? Faltou aquietar o coração e escutar abertamente as sugestões que o outro tinha a dizer? Faltou abrir mão do trabalho? Faltou disposição para abandonar a atitude defensiva e acusatória que assumiu no relacionamento? Faltou reconhecer, valorizar e elogiar as atitudes dignas do outro? Faltou esforço para cultivar o bom humor e tornar os momentos juntos mais afetivos e felizes? Faltou demonstrar quanto o parceiro é importante em sua vida? Faltou... o quê?

Somente ao fazermos uma pausa e acalmarmos o turbilhão de sentimentos que nos invadem conseguimos refletir e encarar as verdades que nos machucam. Quando assumimos nossas devidas culpas, somos capazes de organizar o coração, reconstruir nossas vidas e mudar.

Todos nós somos seres carentes de afeto. Mas não nos é suficiente um amor de qualquer jeito e mantido ao preço da infidelidade. Desejamos o amor inteiro, que completa e transborda.

Amar não é sofrer. Se quem está ao seu lado "escolheu" (preste atenção na ênfase da palavra, pois é, sim, uma questão de escolha) fazer você sofrer, amadureça o luto do seu coração, mas não se deixe dominar por ele: levante a cabeça, trace uma nova rota e tenha a coragem de navegar em outras águas.

O que perpetua a infelicidade não é não perdoar as falhas do passado, mas não perdoar a si mesmo. Uma nova etapa na vida precisa começar, purificando o coração para que ele se prepare para novos desafios. Como disse Pitágoras, "purifica o teu coração antes de permitires que o amor nele entre, pois até o mel mais doce azeda num recipiente sujo".

Disse a Gracinha que a vida é muito curta para ser gasta com emoções negativas como as que ela estava sentindo. Ela ainda era muito jovem para desistir de sonhar e amar. Era hora de romper o casulo do sofrimento e construir novas amizades e novos ideais e fortalecer os laços de amor com seus filhos e familiares.

Nada acontece por acaso e todo fato inesperado tem um papel fundamental de aprendizado em nossas vidas, amadurecendo-nos, aperfeiçoando-nos e nos tornando seres humanos melhores.

Naquele momento, apesar de ela enxergar apenas as janelas que se fecharam em sua existência, uma imensa e iluminada porta se abria à sua frente, desafiando-a a vencer seus medos, descortinando um futuro surpreendente de novos encontros, desafios e conquistas.

Maria da Graça me confidenciou que vinha tomando muitos remédios para insônia e depressão. Desde a separação, seu filho mais velho se entregara ao álcool e às baladas, necessitando de orientação, apesar de não aceitar qualquer tipo de ajuda. A filha universitária, deprimida, não conseguia concentrar-se nos estudos e afundava-se em notas baixas. A família inteira sofria. O rancor consequente ao rompimento com o pai contaminou as relações e ninguém mais se entendia.

Era preciso quebrar esse círculo vicioso de ódio que estava prendendo todos em um caminho autodestrutivo. Era hora de Gracinha quebrar as amarras que a prendiam ao passado e curar o seu coração por meio do perdão.

Perdoar não é esquecer; é lembrar sem doer; é aceitar viver sem cultivar rancor ou mágoa. Perdoar é levantar a âncora que prende o barco da vida atracado na mesma dor. É fazer faxina no coração e libertar-se de tudo o que o atrasa e o impede de ser uma pessoa melhor. Perdoar é acender a centelha da grandeza em sua alma.

Todo sentimento que ela cultivasse dentro de si não ficaria restrito ao seu próprio coração. Irradiaria e inundaria seus filhos, que precisavam vê-la superando essa tragédia familiar para então se sentirem motivados e fortalecidos para agirem da mesma forma.

Com delicadeza, eu lhe disse que a vida era muito mais do que esse mero capítulo de sua existência. Na vida, tudo passa: tanto as grandes alegrias quanto as grandes tristezas e desilusões. O que permanece e é perene, que não abandona e não desampara, vem do amor de Deus e nos impulsiona sempre em direção ao bem. Era preciso abraçar sua fé e preencher o vazio em seu peito com o sentimento de paz e esperança que o amor do Pai nos proporciona.

Maria da Graça, como tantas outras mulheres que sofrem, queria apenas ser ouvida e desabafar. Ela olhou-me nos olhos, agradeceu e foi para casa pensativa, sem olhar para trás.

Sessenta dias se passaram após a última sessão de escleroterapia, e ela não voltou ao consultório para avaliarmos o resultado do tratamento. Preocupado, pensei ter dito alguma coisa que a ofendera. Por isso achei melhor entrar em contato.

Quando ela atendeu ao telefone, de imediato percebi a diferença no tom alegre de sua voz. Não, ela não estava ofendida, muito pelo contrário: agradeceu longamente pelas palavras que, segundo ela, a impulsionaram a dar uma guinada em sua vida.

Voltou para a academia, procurou cuidar mais de si mesma e fez novas amizades. Começou a fazer aulas de dança de salão, conheceu pessoas com histórias semelhantes, aprendeu com testemunhos de superação e parou de tomar antidepressivos. Voltou a frequentar a igreja, onde reencontrou sua fé, refez laços com antigas amigas que há muito não via e passou a trabalhar como voluntária na creche da comunidade aos sábados de manhã.

Diminuiu sua carga horária no trabalho para se dedicar mais aos filhos. E deu certo. O rapaz voltou aos estudos e prometeu ficar longe da bebida. A moça, agora mais equilibrada emocionalmente, melhorou as notas e o desempenho na faculdade. Ela, como mãe, entendera que uma família desfigurada poderia ser transfigurada mesmo na ausência do pai físico, desde que se abrisse à presença do Pai espiritual.

Muito feliz e surpreso, pedi-lhe que, nos momentos de recaída, que certamente viriam, não fechasse seu coração e não se deixasse enfraquecer pelas lembranças do passado. Vitoriosa, ela havia conseguido transpor as muralhas da dor.

Quem sabe um dia um novo amor surgiria, justo e verdadeiro, forte e fiel, um amor companheiro.

Tudo posso naquele que me conforta.
(Filipenses 4:13)

Agradecimentos

A Deus, por me presentear com tantas bênçãos, como a vocação de cristão missionário e o dom de cuidar das pessoas e servir àqueles que precisam de mim.

À minha esposa, Valéria, amor da minha vida, por sua cumplicidade incondicional, sempre acreditando e compartilhando dos meus sonhos e ajudando-me a construí-los.

Aos meus filhos, Bruna e Vitor, razões do meu viver, pela paciência e compreensão com minhas ausências e pela maturidade e sinceridade nos momentos de comunhão de almas.

Aos meus pais, Mário e Sueli, e meus sogros, Jeanete e Synésio, por partilharem cada momento das minhas conquistas como se fossem também suas, e por me ajudarem a ser melhor como homem, pai e marido.

Ao escritor e editor Anderson Cavalcante, pela imensa generosidade, sensibilidade e paciência ao dedicar o seu tempo para ler os meus originais, oferecendo preciosas sugestões que fortaleceram minha alma de escritor. Deus, em seus misteriosos desígnios, cruzou nossos caminhos de forma inesperada e inusitada, e, a partir de então, sinto-me honrado em chamá-lo de amigo.

Ao meu amigo dom Eduardo Pinheiro, por sua presença e seu apoio nos momentos decisivos dos meus projetos, sempre pronto a oferecer sua palavra de bom pastor e seu testemunho de bom cristão.

Ao padre Zezinho, por me levar a trilhar caminhos antes impensáveis, a perseverar na fé e a construir o bem sem almejar sucesso ou fama, colocando Deus sempre em primeiro lugar.

Ao frei Hans, que com sua maneira dinâmica e simples de realizar projetos ambiciosos me fez ter certeza de que tudo é possível se tivermos fé em Deus e amarmos sem medidas e sem pedir nada em troca.

A padre Sávio, Nelson, Luci, Iraci e Pena, Rosalina Marra, Dolores Ribeiro e todos os meus irmãos e irmãs de coração, que sempre me auxiliaram e me incentivaram a terminar este livro.

Aos meus pacientes e a todos que colocaram suas vidas e esperanças em minhas mãos.

E a você, caro leitor, que depositou em mim e neste livro suas expectativas. Espero que tenha conseguido corresponder a elas e propiciado momentos de reflexão que o ajudem em sua caminhada pelas estradas da vida.

INFORMAÇÕES SOBRE OS PRÓXIMOS LANÇAMENTOS

Para saber mais sobre os títulos e autores
da EDITORA SEXTANTE,
visite o site www.sextante.com.br,
curta a página facebook.com/editora.sextante
e siga @sextante no Twitter.
Além de informações sobre os próximos lançamentos,
você terá acesso a conteúdos exclusivos e poderá participar
de promoções e sorteios.

Se quiser receber informações por e-mail,
basta cadastrar-se diretamente no nosso site
ou enviar uma mensagem para
atendimento@esextante.com.br

www.sextante.com.br

facebook.com/editora.sextante

twitter: @sextante

Editora Sextante
Rua Voluntários da Pátria, 45 / 1.404 – Botafogo
Rio de Janeiro – RJ – 22270-000 – Brasil
Telefone: (21) 2538-4100 – Fax: (21) 2286-9244
E-mail: atendimento@esextante.com.br